# Le Coq
# et la Perle

Sylvie Goulard

# Le Coq et la Perle

## Cinquante ans d'Europe

Seuil

ISBN 978-2-02-092628-7



www.seuil.com

Un jour un Coq détourna
Une perle qu'il donna
Au beau premier lapidaire :
« Je la crois fine, dit-il ;
Mais le moindre grain de mil
Serait bien mieux mon affaire. »

Jean de La Fontaine
*Fables*, livre I

À la mémoire de Robert Marjolin
dont les écrits m'ont tant éclairée
sur l'originalité de l'Europe communautaire

# Introduction

« L'Europe » n'est pas en crise. « L'Europe » n'est pas en crise pour la simple raison que, ces dernières années, « l'Europe » au sens d'une communauté d'hommes solidaires n'a plus été faite. L'Union européenne, telle qu'elle se construit, n'est pas « l'Europe ». C'est au mieux une étape intermédiaire, un entre-deux, au pis un ersatz. L'Europe a été détournée de son objet et, dans ce dévoiement, la France porte une lourde responsabilité. Le coq a gaspillé la perle.

La Communauté du charbon et de l'acier de 1950 et la Communauté économique européenne de 1957 sont nées d'une prise de conscience sans précédent : un intérêt commun, supérieur aux intérêts de chaque pays, lie entre eux les Européens. La méthode de coopération communautaire rompt ainsi délibérément avec la « raison d'État » des diplomates. C'est le sens de la phrase placée par Jean Monnet en exergue de ses Mémoires : « Nous ne coalisons pas des États, nous unissons des hommes. »

Les institutions communautaires reflètent la prééminence donnée aux citoyens : un Parlement élu au suffrage universel direct décide au côté du Conseil où siègent les gouvernements. Les décisions se prennent à la majorité.

Une Cour suprême, la Cour de justice des Communautés européennes, assure, par-delà les frontières, le respect des règles communes. Sans être parfaite, la Communauté constitue une entité authentiquement européenne, capable d'agir, et un embryon de démocratie.

Depuis 1992, l'Union européenne est venue chapeauter la Communauté économique. Dans un cadre juridique unique, elle juxtapose, à côté de la coopération communautaire, une collaboration entre États en matière de politique étrangère, de sécurité et de justice. Les ambitions sont toujours « européennes », mais le jeu reste diplomatique ou, comme on dit dans le jargon, « intergouvernemental ». À cause du maintien de l'unanimité, l'action collective est souvent entravée par une minorité ; le Parlement, la Cour de justice, la Commission sont en retrait. Quant aux citoyens, dans ces matières, ils ne comptent guère. Cette organisation favorise les échanges de vues, permet quelques rapprochements et quelques initiatives conjointes. Les résultats restent toutefois en deçà des attentes. Aux yeux des tiers, elle ne fait pas émerger « l'Europe ».

Ainsi, nos gouvernants ont détourné le concept d'Europe comme Zeus, dans la mythologie antique, a enlevé sur une plage la belle femme du même nom. Croyant de bonne foi que cette Union est européenne, l'opinion publique la juge à l'aune de cette prétention et, déçue, la rejette, sans voir en elle la contrefaçon. Galvaudé, le label « européen » a perdu de sa valeur.

Au printemps 2005, la France et les Pays-Bas ont rejeté le Traité constitutionnel destiné à organiser la grande Europe. Une majorité d'États ont en revanche avalisé le texte, dont deux par référendum. Depuis, les chancelleries et les états-majors politiques cherchent la parade juridique : conclure un « mini-traité », abandonner la partie III du projet, jugée trop indigeste, ou adjoindre au texte un protocole social. Le mal nous semble plus profond : quelle est la raison d'être de cette Union qui n'unit guère et a cependant doublé le nombre de ses membres en dix ans ? Nul ne le sait plus. Sur ce continent, la guerre est hors la loi. Et après ? En 1942, Paul-Henri Spaak mettait déjà en garde contre le danger de se « laiss[er] surprendre par la paix[1] ». Si nous ne parvenons pas à répondre à cette question simple, l'avenir de l'Europe est compromis, quels que soient les montages juridiques qui seront échafaudés.

Pour sortir de l'impasse actuelle, nous devons prendre du champ. D'où sommes-nous partis ? En quoi avons-nous réussi ? C'est en prenant conscience de l'originalité de l'Europe communautaire, c'est en mesurant mieux l'ampleur de l'extraordinaire révolution accomplie après 1945 qu'il sera possible de redonner confiance aux Européens et de relancer l'entreprise.

Ce livre redonne la parole à ceux qu'il est convenu d'appeler les « pères fondateurs », dont la pensée est méconnue aujourd'hui. Ce sont notamment Jean Monnet, Robert Schuman, Paul-Henri Spaak, Konrad Adenauer, Alcide De Gasperi, Walter Hallstein, Robert Marjolin, Altiero Spinelli.

1. « Les démocraties se sont laissé surprendre par la guerre en pleine impréparation. Si elles se laissent surprendre par la paix, elles paieront de leur existence cette nouvelle faute », Paul-F. Smets (dir.), *La Pensée européenne et atlantique de Paul-Henri Spaak (1942-1972)*, Bruxelles, Goemaere, s.d., 2 tomes, p. 16 (désormais *PEA*).

À la lecture de leurs écrits, l'erreur de ces dernières années saute aux yeux : l'Union européenne est retombée dans l'ornière même dont ils ont voulu sortir l'Europe. Elle a négligé leur enseignement, leur méthode de travail. Rares sont les hommes politiques qui pensent et agissent en Européens. Plus personne ne se sent responsable de l'intérêt commun. Plus personne n'explique les vertus ni n'assume les contraintes de l'intégration. L'Union est devenue l'une de « ces demi-maîtresses qu'on aime sans inquiétude, qu'on sert sans assiduité et qu'on quitte sans chagrin[1] ».

D'indifférence en négligences, la démolition du projet communautaire, délibérée chez certains, inconsciente chez d'autres, est en cours. Le nationalisme, la petitesse, l'égoïsme, les réflexes protectionnistes reviennent en force. Comme sous la Restauration, au XIX^e siècle, c'est une véritable « réaction » qui est en route. Les « ultras » de l'État-nation, les hommes des anciens schémas de pensée, les chauvins, nient la révolution communautaire. L'Europe se fait au ras des pâquerettes, par à-coups, sans hauteur de vue. Obsédés par la quête d'avantages immédiats ou la défense de situations acquises, les Européens dilapident le trésor qu'ils possèdent.

Rien, dans ce sombre constat, ne doit nous désespérer. Nos aînés nous ont légué une extraordinaire innovation. Aussi longtemps que leur méthode de coopération a été correctement appliquée, elle a fait ses preuves. Depuis que nous nous en sommes éloignés, l'intégration marque le pas. Les difficultés actuelles sont donc passagères et réversibles :

1. Madame de Scudéry, *Clélie*.

il suffira de se remettre à faire l'Europe sérieusement pour que l'élan revienne.

« Mettez-vous un instant à ma place », disaient à Jean Monnet certains de ses interlocuteurs nationaux. Il explique : « Ce n'était pas mon problème. Je devais au contraire me situer à la jonction des intérêts nationaux, à une place que personne ne songe à occuper ordinairement[1]. » À l'avenir, cette place ne doit plus être laissée vacante. Un moment, la Convention européenne chargée de rédiger le Traité constitutionnel l'a occupée. En ouvrant le premier débat public qui se soit tenu sur l'Europe depuis des années, elle a permis de faire des progrès. Sans être parfait, le texte qui en est issu simplifiait les procédures, clarifiait les responsabilités, rationalisait l'Union. Mais, avec leurs marchandages, avec leur dédain pour l'intérêt commun, les gouvernements ont dénaturé le texte issu de la Convention. Ils ont ensuite choisi la pire procédure de ratification possible : vingt-cinq débats séparés, vingt-cinq calendriers nationaux. Et, fatalement, le Traité constitutionnel, privé de sa dimension européenne, a été rejeté.

À l'avenir, il faut remettre l'Europe – les hommes et les femmes qui y vivent – au cœur de la démarche. En mars 2007, le traité de Rome a cinquante ans, l'âge de la maturité. Une belle occasion de prendre à nouveau conscience du caractère extraordinaire de la révolution communautaire ! Et de remettre l'Europe sur les rails.

Au même moment, en France, une ère s'achève. Sous la Ve République, le chef de l'État joue un rôle primordial en matière européenne. Les candidats à l'élection présidentielle

1. Jean Monnet, *Mémoires*, Paris, Fayard, 1976, p. 520.

doivent dévoiler leurs intentions : sont-ils prêts à tirer les leçons de longues années d'approximation européenne de la France ? ou vont-ils rester dans l'ambiguïté néfaste consistant à vendre un ersatz en guise d'Europe ? Ont-ils conscience de leurs responsabilités ? Sont-ils prêts à bâtir une *communauté d'hommes*, forte, ambitieuse, en assumant enfin toutes les conséquences qui en découlent ? ou s'accommodent-ils assez bien d'une *union d'États*, incomplète, mollassonne ?

En 2007, tous les partis vont être tentés de rassembler les votants du « oui » et ceux du « non », sans creuser les questions qui fâchent. Conçus pour garder les coudées franches ou pour flatter l'électeur, les programmes électoraux sont le plus souvent évasifs sur l'Europe. Le dessein de ce livre est au contraire de mettre en lumière les zones d'ombre. Il n'apporte pas de réponse toute faite, mais cherche à susciter la réflexion, à rappeler les rudiments si souvent oubliés. En donnant aux électeurs quelques clés pour distinguer les authentiques Européens des marchands d'illusions, il prépare le rebond. L'Europe est une trop belle idée pour que nous la laissions mourir.

## Chapitre premier

# En arrière toute ?

Il y a des hommes qui disent *cela sera* ; et
il y a d'autres hommes qui disent : *voici comment.*

Victor HUGO, « Le Rhin », XVII

Une mauvaise querelle des « Anciens » et des « Modernes » divise aujourd'hui l'Union européenne. Les « Modernes » remisent les « Anciens » au grenier ; la méthode de coopération des fondateurs, juridique, lourde, est tournée en dérision. Plus personne ne veut subir ces contraintes de « grand-papa ». Pour les « Modernes », le monde a évolué, l'Europe a changé. En raison de la « mondialisation » et de l'élargissement, ils sonnent le glas du projet communautaire, non sans une pointe de jubilation.

Le 3 juin 2005, *The Economist* titrait « L'Europe qui est morte ». Et l'éditorial de cet influent magazine britannique relevait : « Ce n'est peut-être pas faire preuve d'un grand tact que de le souligner mais le rejet par la France de la Constitution européenne est, à plusieurs titres, un triomphe pour la Grande-Bretagne. Depuis au moins cinquante ans, les Britanniques ont eu deux objectifs principaux en Europe : le premier était d'entraver la marche vers une union politique de l'Europe ; le second était d'éviter une domination franco-allemande sur la politique européenne. La mort de la Constitution a permis de faire d'une pierre deux coups. »

L'analyse des « Modernes » a l'apparence du vraisemblable ; le mur de Berlin est tombé, l'Union soviétique a disparu, la mondialisation galope. Rejeté par deux États fondateurs, le Traité constitutionnel est dans les limbes, la zone euro souffre d'un retard de croissance. Le grand nombre des États membres et leur hétérogénéité changent la donne, sans compter que de nombreux candidats se bousculent encore à la porte. L'Europe « réseau », aux ambitions réduites, a le vent en poupe.

Ces gens-là se contentent de peu. Le « réseau » ouvert à tous demande assurément peu d'efforts, mais il ne sert pas à grand-chose pour affronter les grands problèmes du monde contemporain. C'est un trompe-l'œil, une illusion d'Europe.

Bien sûr, comme dirait Galilée, l'Union européenne « tourne » encore (« *eppur si muove* ») et les bonnes volontés ne manquent pas, mais ces ambitions étroites ne nous mèneront pas loin. Et, si les Européens rejettent l'Union européenne, peut-être est-ce parce que l'ersatz bon marché, aux aspirations limitées, leur paraît insipide et froid, comparé à la Communauté des débuts, plus chaleureuse, plus prometteuse.

Le défaitisme se répand car les Européens ont perdu la mémoire. Deux auteurs italiens qui ont consacré un ouvrage aux pères fondateurs de l'Europe constatent à juste titre que « certains enseignants et étudiants savent parfaitement qui étaient les premiers pharaons d'Égypte mais ignorent tout des premiers fondateurs courageux de l'unité européenne[1] ».

Ainsi, les objections des prétendus « Modernes » sont tellement souvent ressassées, tellement bien amplifiées par la presse anglophone, tellement écoutées à Bruxelles qu'elles sont désormais tenues pour vraies. Pourtant, il est assez facile – et salutaire – de les démonter.

## Ne pas confondre nostalgie et sens de l'histoire

Ce n'est pas la nostalgie qui conduit à s'interroger sur ce que voulaient vraiment les fondateurs. Les années 1950-1960 n'étaient pas un « âge d'or ». La petite Europe n'a jamais été une fin en soi, tous les écrits de cette époque en témoignent. C'était une étape, faute de mieux. D'emblée, de nouvelles adhésions furent prévues, notamment celle de la Grande-Bretagne et des pays de l'Est privés de liberté. Les premières Communautés n'épuisaient pas non plus le champ des coopérations possibles : bien des nouveaux champs ont été défrichés depuis les années 1950, et c'est heureux.

Mais, même sans illusion sur le prétendu « bon vieux temps », il est important de connaître l'histoire, de mieux comprendre d'où vient l'Europe pour déterminer où elle va. La lecture des fondateurs fait apparaître combien leur

1. Giuseppe Audisio, Alberto Chiara, *Les Fondateurs de l'Europe unie selon le projet de Jean Monnet. Robert Schuman, Konrad Adenauer, Alcide De Gasperi* (*I fondatori dell'Europa unita Schuman, Adenauer, De Gasperi*), Paris, Salvator, 2004.

innovation rompait avec l'ordre ancien, tandis que les pratiques récentes de l'Union européenne y ramènent.

Par leur clairvoyance, ils nous aident à prendre conscience de la confusion méthodologique de notre temps. Car ce qui fait la différence, c'est bien la méthode.

Ainsi, les « Modernes » assènent souvent l'affirmation selon laquelle « la méthode Monnet est dépassée ». Mais de quoi parlent-ils ?

Dans le langage courant, l'expression « méthode Monnet » (ou « méthode communautaire ») désigne souvent la démarche tendant à progresser par étapes, autour de projets concrets, dans l'esprit de la déclaration Schuman du 9 mai 1950, qui énonce « l'Europe ne se fera pas d'un coup, ni dans une construction d'ensemble : elle se fera par des réalisations concrètes créant d'abord une solidarité de fait ».

À chaque époque de sa vie, Jean Monnet, très cartésien et pragmatique à la fois, a cherché la méthode appropriée au problème spécifique qu'il avait à traiter : le ravitaillement des troupes françaises et britanniques pendant la guerre de 1914-1918 ; la fourniture d'armes aux Alliés en 1939-1945, la reconstruction de la France au sein du Commissariat au Plan ; enfin, l'unité de l'Europe. Certes, il n'y a ni méthode Monnet figée une fois pour toutes ni « discours de la méthode »[1], mais tous les témoignages montrent à quel point Monnet attachait de l'importance à la manière d'avancer. Sa conclusion, nourrie de toutes ces expériences, est qu'« il y a une méthode pour cons-

1. Voir *Cinquante ans après la déclaration Schuman* (colloque international de Nantes), Nantes, Ouest Éditions, 2001.

truire l'Europe, il n'y en a pas deux » ; celle-ci consiste à « créer progressivement entre les hommes d'Europe le plus vaste intérêt commun géré par des institutions communes démocratiques auxquelles est déléguée la souveraineté nécessaire »[1]. Voilà donc comment peut être synthétisée la méthode Monnet « pour construire l'Europe » : un changement de mentalité qui s'appuie sur des innovations institutionnelles permettant de privilégier l'intérêt commun.

Chacun de ces trois éléments est important :

– l'intérêt commun est la clé de voûte de l'Europe communautaire ; la Communauté repose sur la conviction que les Européens partagent ensemble un intérêt supérieur à celui de leurs États ; cet intérêt ne se résume pas au plus petit dénominateur commun des intérêts nationaux auquel se réduisent les compromis actuels ;

– les institutions, démocratiques, garantissant la suprématie du droit, sont gage de durée. C'est pourquoi nous ne devons pas nous résigner à vivre dans le cadre institutionnel du traité de Nice, manifestement insuffisant ;

– un changement de mentalité est indispensable ; sans rejet du nationalisme, sans établissement de la confiance et sens du sacrifice, l'intérêt commun n'émerge pas et les institutions fonctionnent mal.

Nous reviendrons sur ces différents éléments au fil des chapitres suivants.

À ce stade, retenons que les hommes politiques contemporains fixent à l'Europe de nombreux objectifs mais ne

1. Jean Monnet, *Mémoires*, *op. cit.*, p. 609 et p. 615.

tracent pas de chemin crédible pour les atteindre. Pendant des années, Tony Blair ou Jacques Chirac ont défendu des conceptions creuses : le premier prétendit bâtir un « *super-power* » (une « super-puissance ») sans jamais lui donner les moyens d'agir. Le second crut pouvoir faire avancer l'Europe grâce à des « groupes pionniers », sortes de conférence informelle de gouvernants échappant à tout contrôle démocratique et juridictionnel. Ce ne furent que paroles en l'air : après dix ans de « blairisme », le « *super-power* » n'existe pas. Et aucun groupe pionnier n'a vu le jour à l'initiative de la France.

Sous couvert de modernité, nombreux sont ceux qui proposent en réalité de reculer, de revenir à des pratiques antérieures à 1950, abandonnées faute de résultats ! S'ils content de telles sornettes, c'est parce que les Européens ignorent à peu près tout de la manière dont l'Europe est née. Lorsqu'ils ont donné vie à l'Europe communautaire, Jean Monnet et Robert Schuman ont voulu en finir avec l'impuissance de la diplomatie interétatique traditionnelle. Ce sont les carences avérées des négociations intergouvernementales qui les ont conduits à innover. En reprenant leur analyse à notre compte, nous pouvons nous épargner bien des illusions et gagner du temps.

Paul-Henri Spaak mettait en garde avant l'heure contre la dérive qui frappe aujourd'hui l'Union : « Ce que je n'aime pas [...] ce sont les montagnes qui accouchent d'une souris. On nous dit "nous allons faire l'Union des peuples". Et les peuples étonnés attendent que la lumière jaillisse. Et puis on leur donne un texte et qu'est-ce que l'union des peuples ? Cela consiste à faire se réunir les

Premiers ministres des différents pays – je m'incline devant eux respectueusement –, qui, trois ou quatre fois par an, discuteront de politique internationale ; j'ai quelque peine à expliquer à ceux qui sont vraiment européens que c'est cela l'union des peuples[1]. »

Laissons les idéologies de côté. Il s'agit moins d'être partisan *a priori* de l'« Europe fédérale » contre l'« Europe des États » que d'examiner quelle est la meilleure méthode pour que l'Europe agisse pour le bien des Européens et soit respectée par ses partenaires étrangers. Or les faits parlent d'eux-mêmes.

La politique de concurrence communautaire produit ses effets jusque sur le marché américain, comme le montre par exemple la fusion avortée de deux entreprises, General Electric et Honeywell, en raison d'une décision de la Commission lorsque Mario Monti était en charge de ce portefeuille[2]. La politique commerciale de la Communauté est plus respectée que la prétendue « politique étrangère et de sécurité commune » de l'Union. Ainsi, dans la « Stratégie nationale de sécurité » des États-Unis[3], le grand document d'orientation adopté par l'administration Bush en 2002, l'« Union européenne » apparaît uniquement au chapitre traitant des questions commerciales. Quant à l'euro, c'est une monnaie jeune mais elle commence à recueillir la confiance des investisseurs et des banques centrales étrangères ; la

1. Paul-Henri Spaak, *PEA*, *op. cit.*, p. 843.

2. Jean Quatremer, Yves Clarisse, *Les Maîtres de l'Europe*, Paris, Grasset, 2005, notamment chapitre VI.

3. « The National Security Strategy of the United States of America », document disponible sur le site de la Maison-Blanche : www.whitehouse.gov/nsc/nss.pdf, p. 19 et p. 25.

monnaie unique représente déjà 20 % des réserves de change internationales et de plus en plus d'entreprises libellent des obligations en euros, notamment dans les pays voisins de l'Europe[1]. Là encore, l'existence de la Banque centrale européenne et l'abandon des monnaies nationales au profit d'une monnaie unique ont donné à l'Europe une réalité tangible.

La leçon est claire et, dans le fond, tout à fait logique : l'Europe est crédible si l'action d'un organe européen (la Commission, un commissaire, la Banque centrale), identifiable par les tiers, remplace celle, désordonnée, de gouvernements dispersés, accrochés à leur veto. Quand « l'Europe » s'est donné les moyens d'agir, elle est respectée ; quand elle y répugne, elle reste quantité négligeable, même si certains États membres, ensemble ou séparément, jouent encore un rôle, sur certains sujets, pour un certain laps de temps. Notre crédibilité dépend de nous seuls ; il n'y a donc aucune fatalité de l'échec européen, aucune raison de nous désespérer !

Les domaines où la souveraineté est exercée en commun peuvent être peu nombreux, ils doivent impérativement être délimités, mais, une fois que nous avons pris la décision d'agir ensemble, cessons de saper ce que nous prétendons construire. « Bruxelles » n'est pas l'ennemi à abattre. Les fonctionnaires communautaires n'ont pas les pieds fourchus. Vouloir « l'Europe » et ne rien lui céder, voilà qui est non seulement absurde mais puéril. Nul ne saurait

1. « Review of the International Role of the Euro », statistiques annuelles disponibles sur le site de la Banque centrale européenne : www.ecb.int.

tirer tous les avantages de l'action collective en traitant ses partenaires ou la Commission de « parti de l'étranger[1] » ou, sans aller jusqu'à ces excès, en leur mettant des bâtons dans les roues. La participation du bout des lèvres à la Communauté, la mise en place de « structures » ne suffisent pas. Alcide De Gasperi refusait de ne bâtir que des « administrations communes » qui seraient un simple « harnachement » ; il attirait l'attention sur la nécessité d'« une volonté politique supérieure, vivifiée par un organisme central, dans lequel les volontés nationales se rencontrent, se précisent et se réchauffent ». L'image, très latine, n'est pas sans charme d'une Europe où les souverainetés se réchauffent les unes aux autres.

La mondialisation appelle, plus que jamais, des décisions politiques qui dépassent le cadre national, notamment pour assurer la cohésion de nos sociétés, la compétitivité de nos entreprises, la défense de nos intérêts face aux puissances existantes ou émergentes. Notre sécurité, la préservation de l'environnement en dépendent. Il y a urgence : les États-Unis, la Chine, l'Inde et bien d'autres pays exercent une pression considérable sur nos modes de production, sur l'organisation du capitalisme, sur l'état de la planète et, à terme, sur le mode de vie européen. En agissant en ordre dispersé, les Européens, dont la taille relative ne cesse de décroître, gaspillent leurs chances de peser sur le plan global. Ni le marché unique ni l'euro ne seront durables si la crise de confiance se prolonge.

1. Jacques Chirac, « Appel de Cochin », 6 décembre 1978.

## La mondialisation ? Rien de nouveau

Une autre objection courante des « Modernes » consiste à déclarer le projet communautaire obsolète parce qu'il ne serait pas adapté à la mondialisation. Ainsi, il serait temps de passer d'un projet *inward looking* (« tourné vers soi »), à bout de souffle, à un projet *outward looking* (« ouvert sur l'extérieur »), comme l'écrit le ministre des Finances britannique Gordon Brown[1]. Cette présentation est contestable.

Grâce à des parcours individuels étonnants, la plupart des fondateurs étaient plus ouverts aux réalités internationales que la grande majorité des hommes politiques actuels. Négociant en spiritueux, dans le monde entier, pour le compte de l'entreprise familiale de Cognac, fonctionnaire « britannique » envoyé par Churchill en mission spéciale auprès de Roosevelt durant la Seconde Guerre mondiale, Jean Monnet décrivait son ouverture internationale en ces termes : « Ainsi, dès mon enfance, alors même que la société française baignait dans son provincialisme, j'ai appris que nous vivions dans un monde de dimensions très vastes, et il m'était naturel de penser que j'aurais affaire à des gens parlant d'autres langues, ayant d'autres habitudes. Observer et tenir compte de ces habitudes était une nécessité quotidienne pour nous. [...] Par la suite, dans mes rapports avec les autres peuples, je n'ai jamais eu à faire

1. « Global Europe : Full-Employment Europe », disponible sur le site de Her Majesty's Treasury, 13 octobre 2005 : http://www.hm-treasury.gov.uk/documents/international_issues/global_challenges/int_global_europe.cfm.

d'efforts pour vaincre des réflexes que je n'avais pas acquis[1]. » Alcide De Gasperi, né dans le Trentin, fut député au Parlement… autrichien avant de devenir président du Conseil… italien ! Quant à Robert Schuman, Français mosellan, né en 1886, il connaissait l'Allemagne aussi bien que la France. Peu d'hommes politiques d'aujourd'hui peuvent se flatter de telles expériences.

En outre, contrairement à une idée reçue, leur motivation n'était pas seulement de « faire la paix » ou de relever l'économie européenne de ses ruines. Leur objectif était bien plus élevé : il s'agissait pour eux de conserver à l'Europe, menacée par le déclin, un rôle mondial. L'avant-propos du rapport Spaak[2] qui, en 1956, a préparé la voie au traité de Rome n'évoque ni la paix ni la réconciliation franco-allemande mais, pour l'essentiel, les moyens de rattraper le retard économique des Européens vis-à-vis des Américains et des Russes, dans des domaines stratégiques comme l'aéronautique, l'industrie automobile ou l'énergie atomique.

Soutenir que la « mondialisation » rendrait obsolète le projet communautaire alors que ses promoteurs ont eu pour préoccupation constante, primordiale, de redonner à l'Europe sa place dans le monde, voilà un joli contresens historique ! Naturellement, un certain nombre de changements importants sont intervenus que les fondateurs ne pouvaient prévoir et dont nous devons tenir compte : la disparition de l'Union soviétique, l'émergence de nouvelles

1. Jean Monnet, *Mémoires*, *op. cit.*, p. 47.

2. Comité intergouvernemental créé par la conférence de Messine, « Rapport des chefs de délégation aux ministres des Affaires étrangères », dit rapport Spaak, Bruxelles, 28 avril 1956.

puissances économiques comme la Chine ou l'Inde, le développement rapide des technologies de l'information, les dégradations massives de l'environnement.

De nouvelles réflexions sont, à l'évidence, requises, notamment sur la pertinence de l'échelon européen dans le jeu global des entreprises et des réseaux financiers. Il serait trop simple de justifier l'intégration européenne par le seul slogan « l'union fait la force ». Mais la pensée des fondateurs, même limitée à la compétition avec l'URSS et les États-Unis, conserve largement son acuité dans la globalisation moderne. Enfin, les détracteurs de l'Europe communautaire ne disent guère pourquoi l'État-nation serait moins affecté que l'Union européenne par les évolutions globales. La désunion ne fait pas nécessairement la force non plus.

## L'illusion des étoiles mortes

La plupart des « Modernes » se gargarisent de l'attraction exercée par l'Union européenne sur sa périphérie. De nombreux États voisins de l'Union souhaitent, il est vrai, en devenir membres. Mais cette attirance ressemble à une histoire d'étoiles mortes : de même que certains astres brillent longtemps après qu'ils ont cessé d'exister, l'Union européenne dégage peut-être l'éclat d'un feu qui s'éteint.

Il fut un temps où « l'Europe » rayonnait. La démarche initiée au lendemain de la Seconde Guerre mondiale était brillante. La Communauté du charbon et de l'acier puis la Communauté économique ont atteint leurs buts. Paix, prospérité par un rattrapage économique accéléré, liberté :

telles sont les étoiles qui se sont levées après 1950 et qui, au Sud et à l'Est, se sont fait voir au-delà des frontières des dictatures et du « rideau de fer ».

Ces dernières années, les étoiles européennes ont pâli. Là où la Communauté rayonnait, l'Union clignote : souvent, le Conseil européen éveille des espoirs puis les douche ; une fois le caravansérail des chefs d'État et de gouvernement dispersé, il ne se passe plus grand-chose. L'opinion publique retient l'écart vertigineux qui sépare les mots des actes, les promesses des réalités : la « politique étrangère commune » n'a pas résisté aux désaccords sur l'Irak et peine à trouver des solutions justes pour le Proche-Orient. L'« espace de sécurité et de justice » commun n'empêche pas la Cour constitutionnelle allemande de juger que l'Espagne n'offre pas des garanties suffisantes pour juger un Allemand impliqué dans les attentats de Madrid ! Enfin, et c'est grave, l'Europe qui prétend devenir la « zone économique la plus compétitive du monde en 2010 », n'offre toujours pas de travail à des millions d'hommes et de femmes.

Chaque printemps, le Conseil européen produit des documents qui promettent la croissance, la maîtrise des dépenses publiques et une coordination économique étroite, exactement comme les magazines féminins, à la même saison, réinventent le régime miracle qui permettra, sans effort, d'être mince sur la plage. Avec les mêmes résultats.

Comment en sommes-nous arrivés là ? En grande partie parce que la politique d'élargissement a grisé les esprits : gouvernements et Commission, qui ont eu en mains le plus formidable levier d'influence jamais inventé dans les relations internationales, en ont usé sans discernement. Il était vital de promouvoir la démocratie et les droits de l'homme dans les pays d'Europe centrale et orientale. Sauf à vouloir donner à Staline sa plus belle victoire posthume, nul ne pouvait contester leur vocation à entrer dans l'Union. Leur adhésion était d'ailleurs souhaitée par les fondateurs. Schuman écrivait ainsi : « Nous devons faire l'Europe non seulement dans l'intérêt des peuples libres mais aussi pour pouvoir y accueillir les peuples de l'Est qui, délivrés des sujétions qu'ils ont subies, nous demanderaient leur adhésion et notre appui moral[1]. »

Mais le projet d'une Europe politique méritait d'être préservé. Le nombre des États, l'hétérogénéité croissante justifiaient d'accomplir des réformes de grande ampleur avant leur arrivée ; or, lors du rendez-vous manqué de Nice, sous présidence française, à la fin de l'année 2000, les Quinze ont échoué à se doter des institutions adaptées à la « grande Europe ».

Parce que les dirigeants des nouveaux pays avaient pour les responsables ouest-européens les yeux de Chimène, parce que le sentiment de culpabilité à l'égard des malchanceux de l'histoire a pipé le débat, parce que les anciens ne savaient pas toujours eux-mêmes ce qu'ils entendaient faire de l'Union, l'élargissement a fait diversion. Il a eu lieu sans discussion sur l'essentiel. Et ne parlons pas de ceux qui, à dessein, ont utilisé l'entrée de nouveaux membres pour torpiller l'entreprise avec la certitude que, en s'étirant, l'Union s'affaiblirait. Ceux-là, grâce à l'appui inespéré des

1. *France Forum*, n° 52, novembre 1963.

partisans du « non » français, rédigent maintenant l'épitaphe de l'Europe communautaire.

Le fait que des États persistent à vouloir nous rejoindre ne doit pas nous faire nous bercer d'illusions : les promesses d'élargissement créent autant d'espoir au-delà des frontières de l'Union, dans les pays concernés, qu'elles nourrissent du désarroi en deçà, chez les Européens qui ne comprennent plus la finalité de l'entreprise et déplorent l'inefficacité de l'UE.

Au lieu de fuir en avant, tâchons de préserver un projet politique qui le mérite. Nos succès, notre savoir-faire coopératif sont immenses. La méthode communautaire n'est pas dépassée. C'est une invention d'avenir, primordiale pour organiser le monde de demain sur le fondement du droit. Elle est infiniment plus moderne que la coopération intergouvernementale ancestrale, souvent inefficace, que certains essaient de nous vendre dans un emballage flambant neuf.

## Chapitre II

# L'Europe communautaire ou la révolution passée inaperçue

Vous transformez l'Europe
par le pouvoir d'une idée constructive[1].

John Fitzgerald KENNEDY à Jean MONNET, 1963

Si les Européens mesuraient mieux le caractère révolutionnaire de l'invention communautaire, son rayonnement, ils comprendraient mieux son immense valeur. Voilà pourquoi nous voulons les rappeler ici.

L'entreprise communautaire est d'abord et avant tout une innovation dans le domaine des idées : une méditation sur le cauchemar passé ; la volonté de s'unir contre le déclin européen ; une approche nouvelle des intérêts où le patriotisme ne se confond pas avec le nationalisme.

## Les leçons d'un cauchemar

Les fondateurs ne partent pas d'une approche idéologique. Contrairement à ce que les souverainistes insinuent

1. Cité par Jean Monnet, *Mémoires*, *op. cit.*, p. 555.

trop souvent, la supranationalité n'est pas pour eux un dogme. Paul-Henri Spaak disait : « Je ne suis pas un doctrinaire de l'Europe unie ; on m'a souvent demandé si j'étais fédéraliste ou non, constitutionnaliste ou non, si je voulais faire l'Europe politiquement ou économiquement. J'ai toujours répondu que je voulais faire l'Europe tout court et par la voie la meilleure[1]. »

Leur réflexion fait la part belle à l'expérience. Dans ses Mémoires[2], Robert Marjolin explique en détail comment, pendant la Seconde Guerre mondiale, les futurs fondateurs ont, chacun de leur côté, réfléchi aux erreurs du passé : « Nos convictions s'étaient formées au fil des années dans une longue méditation attristée et indignée, dont l'objet était le chaos politique et économique que représentaient à nos yeux les années 1919-1939. Nous comprenions mal et même pas du tout comment les hommes qui nous avaient précédés avaient pu s'abandonner à cette longue suite d'errements, d'aberrations, d'occasion manquées qui ponctuaient l'entre-deux-guerres. »

C'est ce qu'il appelle leur « méditation sur un cauchemar » : en trente années, de 1914 à 1945, l'Europe a en effet connu deux guerres mondiales, une dépression économique majeure et deux totalitarismes, nazi et communiste, avec pour résultat des millions de morts et d'infinies souffrances individuelles. Ne l'oublions pas.

En contemplant ce désastre, des Européens de diverses

1. Conférence « Une révolution européenne », Rome, 26 mars 1957, *PEA*, *op. cit.*, p. 618.

2. Robert Marjolin, *Le Travail d'une vie*, Paris, Robert Laffont, 1986, p. 145.

nationalités aboutissent, sans se concerter, à une même conclusion : après la Première Guerre mondiale, les gouvernements européens ont montré une étroitesse d'esprit suicidaire. Leur indifférence aux interdépendances, leur esprit revanchard, amplifiés par l'isolationnisme américain, ont conduit à la catastrophe.

Comme Jean Monnet le déclare pendant la conférence du plan Schuman qui doit conduire à la création de la CECA, la nouveauté consiste à « accomplir une œuvre commune [...], non à négocier des avantages, mais à rechercher notre avantage dans l'avantage commun[1] ». Leçon de bon sens, mais qui va à contre-pied de tous les schémas de pensée habituels.

L'innovation concerne à la fois l'économie et la politique. Sur le plan économique, les fondateurs s'attachent à éviter de répéter l'erreur commise après 1918, quand le mot d'ordre était en France « l'Allemagne paiera ». Au lieu de s'acharner sur le vaincu, ils cherchent au contraire à développer les échanges, pour le plus grand profit de tous. Aujourd'hui, cette approche paraît banale, mais c'était une idée d'une audace inouïe. Robert Marjolin rappelle en ces termes l'état d'esprit qui régnait dans les années 1920 : « À peu près personne en Europe n'avait conscience de la solidarité interne qui unissait les unes aux autres les puissances européennes, victorieuses ou vaincues. Celui qui aurait osé dire, en France surtout, que l'intérêt national bien compris exigeait que l'économie allemande fût reconstruite en même temps que l'économie française et que le retour à un

1. Jean Monnet, *Mémoires*, *op. cit.*, p. 378.

degré raisonnable de prospérité en France et dans le reste de l'Europe occidentale dépendait du relèvement économique de l'Allemagne aurait été accusé de haute trahison[1]. »

Sur le plan politique, ils tirent les leçons de l'impuissance de la Société des Nations (SDN) qui, dans leur génération, avait suscité tant d'espoirs. À la lumière de cette expérience, ils comprennent que le blocage réside dans l'excessive sacralisation de la souveraineté des États et qu'il ne suffit pas de former des vœux de paix et de concorde pour que ceux-ci se réalisent. Encore faut-il trouver la bonne méthode pour atteindre ces buts.

La lecture des Mémoires de Jean Monnet permet d'observer combien l'évolution de celui-ci a été progressive, empirique, pour ne pas dire tâtonnante. Lorsqu'il raconte son expérience de secrétaire général adjoint de la SDN, il ne cache pas qu'il raisonne toujours dans le cadre des relations intergouvernementales classiques : « À l'époque, je n'étais pas porté à insister sur cette notion de pouvoir international nouveau et je ne concevais pas de transferts de souveraineté. Je recherchais seulement l'efficacité grâce à de meilleures liaisons entre les gouvernements et les peuples[2]. »

Ultérieurement, il saisit les raisons de l'inefficacité de la coopération intergouvernementale : « Plus tard seulement, je compris que nous avions sous-estimé ces difficultés, ou plutôt que nous n'avions pas creusé assez profond : leurs racines communes étaient la souveraineté nationale qui empêchait, au conseil, la manifestation de l'intérêt général.

1. *Ibid.*, p. 148.
2. *Ibid.*, p. 101.

Sans doute cet intérêt général, on en parlait dans toutes les réunions, mais on l'oubliait en route, chacun étant préoccupé surtout par les conséquences qu'une solution pouvait avoir pour lui – pour son pays. Le résultat est que personne ne cherchait vraiment à résoudre les problèmes, le principal souci étant de trouver les réponses qui respecteraient les intérêts de chacun des participants[1]. » La remarque demeure valable pour expliquer certains blocages de l'UE aujourd'hui.

Dans la maturation de la pensée de Jean Monnet, la débâcle de juin 1940 marque un tournant : il se rend alors compte du fait que, malgré l'importance vitale de l'enjeu, Français et Britanniques ne parviennent pas à une solution permettant d'éviter à la France de conclure un armistice avec l'Allemagne nazie. Lorsqu'il propose *in extremis* à Churchill la fusion pure et simple de la France et de la Grande-Bretagne – qui se souvient de cette hardiesse ? –, il se heurte à l'esprit de démission qui règne à Bordeaux. Jean Monnet s'aperçoit alors que la coopération entre gouvernements « ne créera jamais l'unité[2] » et que la coordination intergouvernementale est « une méthode qui favorise la discussion, mais [...] ne débouche pas sur la décision ». C'est la raison pour laquelle il en vient à vouloir contourner le veto des États, « cause profonde et à la fois symbole de l'impuissance à dépasser les égoïsmes nationaux [3] ».

Paul-Henri Spaak puise lui aussi dans l'échec de la SDN la conviction que l'unanimité est nocive où qu'elle soit

1. *Ibid.*, p. 112.
2. *Ibid.*, p. 35.
3. *Ibid.*, p. 113.

employée : aux Nations unies, au Conseil de l'Europe[1], dans toutes les organisations internationales. Il constate avec beaucoup de bon sens : « Pourquoi un système [...] celui des décisions à l'unanimité que personne n'oserait proposer pour régler les problèmes de notre vie nationale qui, dans ce cas, paraîtrait à la fin impossible, absurde, inefficace, deviendrait-il bon quand il s'agit de régler les problèmes qui se posent au sein d'une Communauté d'États[2] ? »

La préférence des fondateurs va à la création d'un État fédéral européen mais, faute d'y parvenir, ils inventent une nouvelle méthode de coopération entre États et peuples qui dépasse la juxtaposition rudimentaire, souvent peu féconde, des souverainetés nationales. Durant la phase de conception du plan Schuman, en avril 1950, le mot « méthode » revient à plusieurs reprises dans les propos de Monnet. Il dit par exemple après une première réunion – qui a eu lieu le dimanche 16 avril – que « les objectifs et la méthode de la communauté étaient dès lors fixés ». Il la qualifie d'« adieu à la rhétorique » ; en privilégiant « des réalisations concrètes créant d'abord une solidarité de fait », il indique bien que l'Europe doit être bâtie sur « du solide » et non sur des palabres ou des promesses qui s'envolent au vent mauvais.

1. Le Conseil de l'Europe (à ne pas confondre avec le Conseil européen) est une organisation internationale indépendante de l'Union européenne. Conçu lui aussi, après guerre, en partie par les mêmes « fondateurs », centré sur la défense de l'État de droit et des libertés fondamentales, il compte désormais 46 membres.

2. Paul-Henri Spaak, « Une seule solution : l'Europe tout de suite », *Le Soir*, 1972, *PEA*, *op. cit.*, p. 1203.

Comme nous l'avons rappelé au chapitre précédent, il faut pour y parvenir, que trois conditions soient remplies : dégager l'intérêt commun, le confier à des institutions démocratiques durables et s'astreindre à changer de mentalité pour que celles-ci fonctionnent harmonieusement.

Dans cette démarche innovante, des pressions extérieures ont été décisives, en particulier celle des Américains : non seulement ils offrirent à l'Europe l'aide massive du plan Marshall, mais ils poussèrent aussi à son unification politique. Pour endiguer le communisme, ils prônèrent notamment la réintégration rapide de l'Allemagne dans le giron ouest-européen. Involontairement, les Soviétiques aidèrent aussi au rapprochement des Européens en donnant aux anciens ennemis un même adversaire.

La comparaison entre les deux après-guerres, celui de 1939-1945 et celui de 1914-1918, en dit long sur le succès de cette génération[1].

Depuis 1946, soixante ans se sont écoulés qui, pour l'Europe, ont été un temps exceptionnel de paix et de prospérité. Ce n'est pas le fruit du hasard, c'est le résultat d'une démarche volontariste, difficile, qui est trop rarement expliquée. Rendons hommage à la révolution intellectuelle et méthodologique qui a permis ce succès.

1. Robert Marjolin donne quelques chiffres qui montrent l'ampleur du chemin parcouru, grâce, notamment, au Marché commun et aux investissements américains en Europe : « en 1950, la productivité horaire du travail était en Europe occidentale entre le tiers et la moitié de ce qu'elle était aux États-Unis ; en 1977, elle atteignait en France 79 % et en Allemagne 84 % [de la productivité américaine] », Robert Marjolin, *Le Travail d'une vie*, *op. cit.*, p. 414.

## L'Europe unie contre le déclin

Le ton des responsables des années 1950 est étonnant. Ils se placent sur un plan non pas politique, mais moral. Dès septembre 1946, dans un discours prononcé à Zurich, Winston Churchill appelle à la création des « États-Unis d'Europe » ; à cette fin, il invite les Européens « à faire le bien au lieu de faire le mal ». Quant à la France et à l'Allemagne, il les pousse à redevenir « spirituellement grandes »[1] (tout en excluant l'Angleterre).

Pour Paul-Henri Spaak, « faire l'Europe c'est d'abord servir une idée, essayer de sauver un continent et une civilisation ». Et il ajoute : « Nous assistons à un phénomène qu'on ne peut pas appeler autrement que le déclin de l'Europe. Si ce déclin n'est pas arrêté par un acte audacieux et courageux, peut-être pas nous mais nos enfants et certainement nos petits-enfants assisteront à la décadence de ce continent qui a tant fait pour la gloire des hommes[2]. »

La déclaration Schuman du 9 mai 1950 évoque aussi « la contribution qu'une Europe organisée et vivante peut apporter à la civilisation ». Alcide De Gasperi, quant à lui, entend lutter de toutes ses forces contre « les germes de désagrégation et de déclin, de défiance mutuelle et de décomposition morale » ; il ajoute : « Nous avons conscience qu'il nous faut nous sauver nous-mêmes, qu'il faut sauver

1. Pierre Gerbet, Françoise de la Serre, Gérard Nafilyan (dir.), *L'Union politique de l'Europe. Jalons et textes*, Paris, La Documentation française, 1998, p. 35.
2. Paul-Henri Spaak, *PEA*, *op. cit.*, p. 634 *sq*.

notre patrimoine de civilisation commune et d'expériences séculaires... [car] dans ce monde, l'Europe garde en elle-même les sources les plus anciennes et les traditions les plus hautes de la civilisation »[1].

Pour les fondateurs, l'économie est ainsi le point d'appui d'une entreprise politique au sens le plus noble du terme. Leur visée est aussi sociale. Paul-Henri Spaak souligne bien que le déclin de l'Europe affecterait le terrain social car « personne n'a jamais expliqué et n'expliquera jamais comment une vraie justice sociale, large et généreuse pour tous, peut être appliquée quand l'économie est en déclin ». Il conclut : « Il faut donc réagir. Et comment ? Faut-il faire l'Europe politique ou l'Europe économique ? Par où faut-il commencer ? Pour moi cette question n'a jamais eu plus d'intérêt que de savoir si c'était la poule qui avait pondu l'œuf ou la poule qui était sortie de l'œuf. Ce qui est important, c'est de faire l'Europe. » Il rejoint là Walter Hallstein qui, à maintes reprises, insiste sur l'imbrication de l'économie, de la politique et des choix de société. Pour cette génération obsédée par la volonté de rattraper les États-Unis, l'économie n'est qu'un moyen d'atteindre le but, elle n'est jamais une fin en soi.

En 1967, alors que l'intégration européenne est en panne, Paul-Henri Spaak invite à prendre de la hauteur : « Les problèmes économiques sont importants mais faire

1. Alcide De Gasperi, « Une volonté politique européenne », discours prononcé au Conseil de l'Europe, Strasbourg, 10 décembre 1951, disponible sur le site www.ena.lu/mce.cfm.

l'Europe exige plus que de fixer le prix du blé ou de régler le marché des fruits et légumes. Il faut, pour réussir, un enthousiasme, une foi et surtout la certitude qu'en dehors de cette solution, l'Europe occidentale n'arrêtera pas son déclin trop visible. Il nous restera à célébrer notre grandeur passée et à pleurer en même temps sur les chances que nous n'aurons pas su saisir[1]. »

Ce langage semble aujourd'hui désuet mais il devrait nous faire réfléchir ; il peut nous aider à dépasser l'horizon desséchant de l'économie telle que, trop souvent, nous la concevons. L'homme ne vit pas que de stock-options et de « compétitivité ».

## L'intérêt commun avant le nationalisme

Souvent, les fondateurs sont présentés par les souverainistes comme de dangereux idéalistes, coupés des réalités, désireux de faire disparaître les nations. Cette insinuation est erronée. Si certains, comme Jean Monnet ou Altiero Spinelli, sont partisans de créer aussi vite que possible les « États-Unis d'Europe », d'autres sont plus réservés. Ainsi, Adenauer ne voulait pas se laisser enfermer dans un concept de fédération[2].

À leurs yeux, l'Europe se construit sur la base des attachements nationaux, débarrassés de leurs excès et de leur

1. Paul-Henri Spaak, « La Grande-Bretagne et l'Europe », *Le Soir*, 17 janvier 1967, *PEA*, *op. cit.*, p. 1067.

2. Hans-Peter Schwarz, « Adenauer und Europa », Strassbürger Gespräche, Melle, Konrad-Adenauer-Stiftung, 1985.

agressivité. Schuman entend faire reposer « le supranational sur des assises nationales[1] » : il rejette l'idée de « fusionner les États » qui sont pour lui « une réalité historique ».

Lorsque Robert Marjolin retrace son expérience de commissaire, il place toujours les États au centre du dispositif. C'est sans doute la lecture la plus correcte des mécanismes communautaires : le fait de travailler ensemble, de décider ensemble, y compris à la majorité, ne fait pas disparaître les États et les peuples qui sont les protagonistes de la Communauté. Le partage de souveraineté librement consenti, organisé, garanti par des garde-fous, notamment la Cour de justice et le Parlement, n'est pas un abandon de souveraineté, c'est une autre modalité de son exercice[2]. Et nos nations sont bien trop fortes et anciennes pour disparaître du jour au lendemain.

À propos d'Adenauer, le général de Gaulle écrit : « Pour le chancelier non plus que pour moi, il ne saurait être question de faire disparaître nos peuples, leurs États, leurs lois, dans quelque construction apatride. » Le chef de l'État français se croit obligé de souligner qu'Adenauer admet « avoir tiré, au profit de l'Allemagne, de solides avantages de la mystique de l'intégration » et que, « pour cette raison, il garde à ses protagonistes français, tels Jean Monnet et Robert Schuman, de la reconnaissance pour leurs

1. Robert Schuman, *Pour l'Europe*, Paris, Nagel, 2000, p. 25.

2. L'article 88-1 de la Constitution de la Ve République dispose : « La République participe aux Communautés européennes et à l'UE, constituées d'États qui ont choisi librement, en vertu des traités qui les ont instituées, d'exercer en commun certaines de leurs compétences. »

cadeaux »[1]. Là où le général voit une sorte de double jeu d'Adenauer, à des fins purement nationales, nous trouvons la confirmation de la compatibilité du patriotisme et de l'engagement européen : c'est bien parce que l'entreprise n'a jamais eu pour but de détruire les peuples et les États que le chancelier Adenauer a pu à la fois adhérer au projet des fondateurs et coopérer avec de Gaulle. C'est du moins ce qui ressort des nombreux échanges entre Monnet et Adenauer.

Paul-Henri Spaak insiste bien, lui aussi, sur le fait que personne n'est contraint à un choix cornélien entre l'Europe et son pays d'origine : « Il ne s'agit pas d'aimer moins sa patrie, d'oublier les heures de gloire ou de souffrance collectives, de renier de nobles traditions, d'effacer ce que les siècles ont apporté d'original aux différentes nations d'Europe. Il s'agit par contre de les grouper dans un cadre nouveau qui leur permettra, à chacune individuellement en même temps qu'à toutes ensemble, de retrouver la place et de jouer le rôle que ce grand et glorieux passé leur confère[2]. »

En revanche, ce que les fondateurs refusent farouchement, c'est le nationalisme, le chauvinisme. Dans le « Manifesto ventotene », Altiero Spinelli développe longuement ses critiques contre les États-nations. Le ton de ce document est virulent, mais il faut garder à l'esprit que son auteur a été emprisonné seize années durant par les fascistes. De Gasperi a également été incarcéré pour avoir

1. Charles de Gaulle, *Mémoires d'espoir*, t. II, *Le Renouveau 1958-1962*, Paris, Plon, 1970, p. 188.

2. *Le Soir*, 7 juin 1966, *PEA*, *op. cit.*, p. 1011.

refusé le bourrage de crâne mussolinien. De même, l'opposant le plus résolu au réarmement national de l'Allemagne n'est autre qu'Adenauer en raison des drames que le militarisme nationaliste allemand a entraînés.

Paul-Henri Spaak résume ainsi leur commune conviction : « Nous croyons qu'en Europe, le nationalisme tel qu'il fut pratiqué pendant des siècles est aujourd'hui dépassé. Il doit l'être si nous voulons que ces pays au passé glorieux retrouvent, dans une organisation politique nouvelle, leur grandeur et leur possibilité de rayonnement. [...] Cette préférence déterminée, et si souvent exclusive et égoïste, pour la nation à laquelle on appartient, empêche de bien comprendre et de bien résoudre les problèmes de notre temps[1]. »

Savoir que les fondateurs ont présenté eux-mêmes l'adhésion au projet européen comme un « plus » qui n'efface pas les identités nationales, comme une appartenance nouvelle qui s'ajoute aux loyautés antérieures, sans s'y substituer, permet d'aborder la construction communautaire de manière plus sereine. Il n'y a aucune raison de redouter l'intégration.

À l'heure actuelle, c'est la recrudescence d'un nationalisme sournois qui devrait nous inquiéter. Il n'est pas l'apanage des cercles politiques : le « double organigramme » d'une société comme EADS a probablement joué un rôle dans les difficultés actuelles de l'entreprise. Arte est une entreprise franco-allemande où les cloisonnements par nationalité, en fonction de la langue, demeurent étrange-

1. *Loc. cit.*

ment nombreux. Trop de projets transfrontières se heurtent à des barrières culturelles soigneusement entretenues par l'ignorance mutuelle. Or, si atténué soit-il, le nationalisme reste un virus dangereux. La paix est le fruit du rejet sans équivoque, par la génération des fondateurs, des méfaits du nationalisme. Il serait naïf de le laisser reprendre de la vigueur en espérant ne pas en subir les conséquences. François Mitterrand a eu raison de répéter avec force, dans son dernier discours au Parlement européen, en 1995, « le nationalisme, c'est la guerre ».

En outre, la logique du marché unique consiste à rompre avec toute préférence nationale ; aussi est-il heureux que le discours de Dominique de Villepin appelant au « patriotisme économique » ait été peu à peu « européanisé ». Certes, pour la plupart des grands groupes qui agissent au niveau global, l'idée de patriotisme – même à l'échelle d'un ensemble aussi vaste que l'Union européenne – n'a pas grand sens. Notons toutefois que de nombreux pays dans le monde, à commencer par les États-Unis, pratiquent un protectionnisme qui, pour être peut-être plus discret que celui des Français, n'est pas moins efficace. Sans compter que la taille de l'UE et sa solvabilité en font pour longtemps un marché majeur.

Chez les nouveaux membres, la comparaison entre Union européenne et URSS, si compréhensible soit-elle de la part des anciennes victimes de Moscou, doit être combattue car elle est hors de propos. Dans l'Europe communautaire, les transferts de souveraineté, organisés selon des règles transparentes, ratifiées par tous, sont librement consentis. Ceux qui y participent jouissent d'un champ d'action élargi et de nombreux avantages politiques, économiques et financiers. Lorsque des interlocuteurs est-européens invoquaient devant Romano Prodi, président de la Commission, leur mauvais souvenir de la tutelle soviétique pour justifier leurs réticences à céder de la souveraineté à l'Union européenne, ce dernier leur demandait toujours en souriant : « Rappelez-moi la date de votre demande d'adhésion à l'URSS ? » C'était plus qu'une boutade. Malheureusement, la politique autoritaire que mène Vladimir Poutine en Russie continue de générer, à l'est de l'Europe, des réactions souverainistes assez fortes. Celles-ci sont compréhensibles mais regrettables ; elles retardent l'avènement de la solidarité intraeuropéenne.

Loin de brader l'intérêt national, la méthode communautaire permet de défendre celui-ci selon d'autres voies. Ce qui importe, c'est moins la supranationalité en elle-même que les objectifs qu'elle permet d'atteindre. Paul-Henri Spaak refusait de « rechercher s'il y a trop ou pas assez de supranationalité ». Et d'ajouter : « Nous devons, pour résoudre le problème, créer des institutions et les créer de telle manière qu'elles fonctionnent. Si, à l'expérience, nous nous apercevons que la supranationalité existe, eh bien, acceptons-la[1]. »

1. Paul-Henri Spaak, discours prononcé devant le Sénat, Bruxelles, 15 décembre 1955, *PEA*, *op. cit.*, p. 404-405.

## Chapitre III

# L'Europe communautaire, une nouvelle mentalité

La plupart des auteurs qui traitent de l'Europe communautaire s'attachent principalement à décrire des mécanismes juridiques, des institutions. Nombre de dirigeants européens cèdent à cette même tentation lorsqu'ils cherchent une solution au problème constitutionnel. Il nous semble au contraire que l'issue de la crise actuelle dépendra avant tout d'un changement de mentalité : ces derniers temps, une sorte de poussière s'est peu à peu déposée sur les esprits. Le souffle fait défaut. Les vieux schémas de pensée refont surface, d'où nos difficultés à bâtir l'Europe.

Là encore, la lecture des fondateurs ne laisse subsister aucun doute : le premier ennemi de l'Europe communautaire, c'est l'indifférence à l'autre, le refus du sacrifice, la destruction de la confiance.

### La vertu de compréhension

Dans des réflexions qu'il rédige à Londres, à la fin de la Première Guerre mondiale, Jean Monnet note déjà l'importance de la découverte mutuelle : « Il importe de faire se mieux connaître et les gouvernements et les peuples afin qu'ils en arrivent à envisager les problèmes qui se posent à eux, non plus sous l'angle de leur propre intérêt, mais à la lumière de l'intérêt général. [...] Si un intérêt enclin à se manifester dans ces conditions trouve, en face de lui, non pas un autre intérêt en opposition, mais l'exposé du problème dans son ensemble, il n'est pas douteux alors que le point de vue des intéressés ne s'ajuste et qu'ensemble ils arrivent à une solution équitable[1]. »

Cette constatation n'a rien perdu de sa pertinence. Le pugilat du Conseil européen de Nice, en décembre 2000, en offre la triste illustration. La discussion portait sur le poids respectif des États au sein de l'Union européenne. Une représentation équitable de chacun devait certes être trouvée mais, dans une Union bientôt élargie à vingt-cinq membres, la priorité aurait dû être, pour tous, de faciliter la décision. Les gouvernements cherchèrent hélas leur avantage personnel au détriment de l'intérêt général. Ils eurent pour obsession de préserver les minorités qui créent les blocages, au lieu de favoriser les majorités qui les lèvent. Et ce sont ces marchandages minables qui ont conduit l'Union européenne au point où elle se trouve aujourd'hui, privée d'un processus de décision adapté à sa nouvelle taille.

Ces dernières années, la difficulté s'est corsée en raison de l'élargissement. Le problème tient non pas aux « nouveaux », dont le comportement ne diffère guère, en moyenne, de celui des anciens, mais à l'effet du nombre. Pour travailler sérieusement, un responsable européen

1. Jean Monnet, *Mémoires*, *op. cit.*, p. 97.

devrait aujourd'hui se tenir au courant de la situation politique, économique et sociale de vingt-sept États. Ce n'est pas aisé. Faute de connaissance mutuelle, faute de dialogue suivi entre responsables politiques mais aussi entre syndicats, associations, ONG, partis, l'Union en est réduite à escamoter les désaccords, à glisser sur l'hétérogénéité.

Elle croit s'en tirer en juxtaposant des concepts contradictoires : pour faire plaisir à tout le monde, elle abuse des « oxymores », ces figures de style consistant à accoler deux mots de sens contraire. La grande victoire française de juin 1997, consistant à faire du « pacte de stabilité » le « pacte de stabilité *et de croissance* », en donne un bon exemple. L'ajout du mot « croissance », à la demande de la France, a permis au gouvernement socialiste fraîchement élu de ne pas rentrer bredouille à Paris, mais il n'a modifié que superficiellement la logique d'ensemble du pacte. Pendant un moment, l'ambiguïté peut être rassurante. À terme, elle nuit à la recherche de solutions. L'Union européenne doit sortir de cette équivoque permanente, fruit d'une certaine paresse, d'un refus de se donner la peine de se comprendre.

En son temps, Jean Monnet poussa l'audace jusqu'à vouloir bannir l'emploi du mot « négociations » du vocabulaire communautaire ; au début des discussions du plan Schuman, il décréta la fermeture du bazar : « C'est seulement si nous éliminons de nos discussions tout sentiment particulariste qu'une solution pourra être trouvée. Dans la mesure où nous, réunis ici, aurons changé nos méthodes, c'est l'état d'esprit de tous les Européens qui changera de proche en proche. » Il poursuit : « Aussi, demandai-je que le mot “négociations” ne fût pas employé à propos de nos réunions »[1]. À ses yeux, les conversations devaient – au moins – se dérouler dans l’ordre suivant : « Mettons-nous d’accord sur l’objectif et négocions ensuite ; ce qui était un paradoxe pour les diplomates me paraissait dans l’ordre de la logique. Un règlement d’ensemble a peu de chances de sortir d’un marchandage de détails. En revanche, les détails s’organisent et les problèmes particuliers se règlent plus facilement quand on les examine dans le cadre d’un accord général[2]. » C’est exactement la procédure à suivre si nous voulons sortir de l’impasse constitutionnelle : retrouver un accord de fond d’abord, au besoin à quelques-uns ; régler les détails techniques et juridiques ensuite.

À l’aune de ces propos, aujourd’hui totalement oubliés, y compris à Bruxelles, nous pouvons mesurer à la fois l’ampleur de la rupture envisagée par les fondateurs et… la distance qu’il nous reste à parcourir pour appliquer de manière correcte la méthode communautaire ! Car l’Europe communautaire n’entre pas dans les schémas de la diplomatie traditionnelle.

Elle exige un changement complet de mentalité auquel personne ne s’est attelé, pas même les États fondateurs qui, avant de s’en prendre aux « nouveaux », devraient faire leur examen de conscience. Nul ne saurait imaginer plus grande révolution à accomplir que le passage de la « défense des intérêts nationaux » à l’approche communautaire.

Demander à des hommes politiques, à des diplomates et

1. *Ibid.*, p. 378 *sq.*
2. *Ibid.*, p. 532.

à des hauts fonctionnaires, habitués à travailler dans un schéma mental national, de comprendre le changement requis sans que personne ou presque ait jamais pris la peine de l'expliquer, est totalement naïf. Et il l'est encore plus d'attendre de citoyens, tenus à l'écart de ce processus, qu'ils soient soudain capables d'en percevoir les vertus les jours de référendum ! Rien n'a été accompli pour prévenir les dérives actuelles. Ne nous étonnons pas que chacun suive sa pente naturelle.

Le problème ne date pas d'aujourd'hui : Maurice Faure, négociateur du traité de Rome, raconte une anecdote qui en dit long sur l'état d'esprit qui régnait – et règne encore chez certains – au ministère des Affaires étrangères : « Aussi curieux que cela puisse paraître, en effet, il faut savoir qu'en 1956-1957 l'administration française était globalement hostile au traité de Rome. Les diplomates de carrière étaient les plus farouches opposants. [...] Je me souviens en particulier d'un diplomate – taisons son nom par charité chrétienne – qui me déclara froidement : "Monsieur le Ministre, vous êtes en train de trahir la France." Il avait l'air de le croire, le pauvre ! À tel point que, pris de pitié pour lui, je m'abstins de le révoquer[1]. »

Jean Monnet raconte pour sa part qu'en 1951 François Seydoux, directeur chargé de l'Europe au ministère des Affaires étrangères, lui dit d'un air navré : « N'essayez pas de me convaincre, vous savez bien que mon métier est de défendre la souveraineté nationale[2]. » Comme le notait

1. Christian Delacampagne, Maurice Faure, *D'une République à l'autre. Entretiens sur l'histoire et sur la politique*, Paris, Plon, 1999, p. 73.

2. Jean Monnet, *Mémoires, op. cit.*, p. 388.

d'une manière fort imagée un membre de la Convention européenne : « On ne demande pas à la dinde de préparer Noël » !

Ainsi, la méthode communautaire a probablement été, en partie du moins, victime de son originalité, de sa subtilité. Née dans l'esprit d'hommes hors normes, elle n'a pas été assimilée par la majorité des Européens. Même la plupart des « professionnels » des questions européennes méconnaissent son originalité ou pensent pouvoir la tenir pour négligeable. De gros efforts de pédagogie seront nécessaires pour redonner aux décideurs, aux journalistes chargés de commenter l'actualité, aux citoyens consultés sur les textes européens les outils adéquats pour la juger en connaissance de cause.

Si les Européens ne font pas des efforts permanents de compréhension mutuelle, s'ils ne réalisent pas le saut conceptuel que représente l'Europe communautaire, ils persisteront à n'en voir que les désagréments sans déceler sa grandeur ni mesurer ses bienfaits.

## La vertu de sacrifice

Et cela ne va pas sans sacrifices. Paul-Henri Spaak explique fort bien que la compréhension des partenaires est nécessaire mais insuffisante : « La solidarité internationale exige d'abord la volonté de comprendre tous les peuples avec lesquels on discute, leurs intérêts, leur façon d'être et de penser, les questions qu'ils ont à résoudre. Cette solidarité n'exige pas seulement cette vertu de compréhension, mais aussi, je dois le dire et le souligner, une certaine vertu de sacrifice. Être solidaire internationalement, c'est commencer par accorder quelque chose aux autres[1]. »

Trop souvent, ces dernières années, des gouvernants européens ont gommé cette exigence. L'idée s'est répandue que l'intégration européenne pouvait être menée à bien sans que les hommes impliqués dans ce mouvement aient les uns sur les autres une influence profonde, sans qu'eux-mêmes et leurs pays en ressortent transformés, sans qu'ils en paient le prix.

Lorsqu'en 2001 le Premier ministre Lionel Jospin déclare solennellement vouloir « faire l'Europe sans défaire la France[2] », il succombe à une illusion récurrente. La lecture des Mémoires de Monnet nous apprend que la formule a déjà été utilisée – mot pour mot – par Georges Bidault, homme politique MRP de la IV^e^ République. Monnet l'avait alors critiquée en ces termes : « Si Bidault voulait l'Europe, il la voulait française et sur ce point ne s'opposait pas aux gaullistes. » Pour Monnet, cette formule révèle « le refus d'avancer dans la voie de la délégation de souveraineté [3] ». C'est bien ce que la présidence française de 2000, pendant la cohabitation de Lionel Jospin et Jacques Chirac, a confirmé. Et, d'ailleurs, que voudrait dire « défaire la France » ? Notre pays est-il une réalité morte, à jamais figée, conservée dans du formol ? La France n'est-elle

1. Paul-Henri Spaak, *PEA*, *op. cit.*, p. 88.

2. Lionel Jospin, « L'avenir de l'Europe élargie », 28 mai 2001, disponible sur le site du *Monde diplomatique* : www.monde-diplomatique.fr/cahier/europe/jospin.

3. Jean Monnet, *Mémoires*, *op. cit.*, p. 463.

pas au contraire vivante et ouverte, riche des contacts qu'elle noue ? Devrait-elle soudain avoir peur des échanges et des brassages ?

Quand elles se comportent ainsi, les élites manquent gravement à leur responsabilité première : faire comprendre les exigences de l'interdépendance, expliquer les bénéfices de long terme qui peuvent justifier des concessions mutuelles et des sacrifices immédiats. Ainsi, en 1998, le chancelier Schröder fraîchement élu était-il tout fier de rompre avec des décennies de « retenue » allemande (*Selbstbeschränkung*), de défendre à nouveau « l'intérêt national » allemand... avant de comprendre – dès mars 1999 – que l'Allemagne, le plus grand pays de l'Union, et la première économie de la zone euro, a des responsabilités particulières. Il est vrai que d'autres dirigeants qu'il fréquentait, dressés sur leurs ergots, n'avaient guère plus de scrupules. Lors du même Conseil européen consacré aux perspectives financières 2000-2006, le président français combattit avec panache pour les vaches allaitantes bien de chez nous. Quant à José María Aznar, il déclara en 2004[1] que son action en Europe tendait à sortir son pays de la situation injuste créée par le... congrès de Vienne de 1815[2], comme si la politique européenne de Felipe Gonzáles n'y était pas déjà parvenue !

Souvent, l'approche en termes d'intérêts nationaux, qui paraît à première vue réaliste et pragmatique, ne mène pas loin. Tout d'abord parce qu'à moyen ou long terme il est peu d'intérêts nationaux des membres de l'Union qui se

1. Entretien avec le journal *Le Monde*, 9 mars 2004.
2. Conférence diplomatique réunie après la défaite de Napoléon.

dissocient des intérêts de l'ensemble. Ensuite parce que les intérêts sont plus volatils qu'une conviction raisonnée. Les « intérêts » soumis aux forces des lobbies et à la versatilité des opinions ne sont pas nécessairement clairs, ni stables.

De grands esprits l'ont compris avant même la création de l'Europe. François-René de Chateaubriand, observateur et acteur d'une autre société en reconstruction, celle de la Restauration, au XIXe siècle, prenait déjà le contre-pied de ceux qui cherchaient à fonder la morale politique sur des intérêts : « C'est précisément le devoir qui est un fait et l'intérêt une fiction [...]. L'intérêt n'est plus le soir ce qu'il était le matin ; puisque, à chaque instant, il change de nature, puisque fondé sur la fortune, il en a la mobilité [...]. On ne se bat pas pour des idées abstraites d'ordre, de paix, de patrie ; ou si l'on se bat pour elles, c'est qu'on y attache des idées de sacrifices : alors on sort de la morale des intérêts pour rentrer dans celle des devoirs[1]. »

La logique communautaire ne repose pas sur le donnant/donnant ; Spaak l'explique parfaitement lorsqu'il dit : « Celui qui apporte [des éléments à la Communauté] doit avoir la certitude que l'autre apportera, je ne dis pas autant, mais ce qu'il possède de son côté. » Cette approche généreuse est bien la seule manière de construire une Europe communautaire où les atouts et les faiblesses de chacun sont durablement « mutualisés ».

Affirmation naïve ? Ce n'est pas si sûr : la situation actuelle de la Pologne illustre à merveille la différence

1. François-René de Chateaubriand, « De la morale des intérêts matériels et de celle des devoirs », *Le Conservateur*, 5 décembre 1818, repris dans *Mémoires d'outre-tombe*, Paris, Le Livre de Poche, 1973, t. II, p. 461.

entre la logique communautaire et la logique diplomatique ; avec le rejet du Traité constitutionnel, la Pologne conserve la pondération des voix du traité de Nice qui, mathématiquement, lui est plus favorable. Dans les cercles de pouvoir polonais, assez nationalistes, la tentation est grande de ne pas renoncer à cet « avantage » ou de le monnayer. Voilà la logique diplomatique, celle du donnant/donnant et du rapport de forces. À terme, le véritable intérêt communautaire de la Pologne est pourtant d'aider à trouver une solution satisfaisante pour l'Union européenne dans son ensemble. Si l'Union sortait de la crise constitutionnelle actuelle grâce à la Pologne, celle-ci aurait démontré sa capacité à être l'un des « grands » États de l'Europe élargie. Son image, aujourd'hui ternie, serait améliorée ; elle serait plus à même de défendre des intérêts qu'elle considère comme « polonais » (l'entrée de l'Ukraine dans l'Union, par exemple, aujourd'hui compromise par la crise constitutionnelle).

L'Allemagne, de son côté, a consenti un sacrifice majeur pour permettre la naissance de l'euro. À l'époque pas si lointaine du mark triomphant, les Allemands jouissaient d'une position de force : l'Europe occidentale – et même balkanique – était une « zone mark » de fait. La Bundesbank décidait seule du niveau des taux d'intérêt ; la souveraineté des autres États de la CEE, France incluse, consistait à disposer d'une dizaine de minutes pour s'aligner sur la décision prise à Francfort. Avec l'euro, l'Allemagne a accepté de n'être que l'un des États représentées à la Banque centrale européenne. Dans une logique souverainiste, elle y a perdu. Dans la logique communautaire, elle y gagne : premier exportateur européen, elle voit le risque des dévaluations compétitives définitivement écarté. Politiquement, elle a assis sa position dans le cercle européen. Elle y gagnerait encore davantage – comme tous les autres États de la zone euro – si le sacrifice n'avait pas été partiel : avec une vraie politique économique commune de la zone euro apportant la croissance, avec une représentation externe de l'euro au sein des institutions financières internationales, l'Union économique et monétaire serait plus féconde encore.

Dans le même esprit, les Français devraient mesurer ce que pourrait leur apporter une initiative tendant à créer une véritable politique étrangère communautaire. Si, au terme d'un processus soigneusement encadré, lié à une convergence progressive des analyses, les Français mettaient au « pot commun européen » l'instrument extraordinaire que représente leur siège permanent au Conseil de sécurité des Nations unies, la France aurait fait franchir à l'Europe – et à l'organisation multilatérale du monde – une étape majeure, révolutionnaire : celle de la désacralisation de l'État. En campant sur des positions défensives dans un Conseil de sécurité de moins en moins légitime, elle sacrifie le long terme à des avantages immédiats qui se réduisent comme une peau de chagrin.

Même si un partage du siège de membre permanent exige de trouver des solutions juridiques et politiques à plusieurs questions délicates, est-ce une raison pour ne jamais l'envisager ? Pour ne jamais commencer à le mettre en œuvre, fût-ce progressivement et à titre expérimental avec les Allemands ?

Dans un premier temps, le Royaume-Uni, détenteur de l'autre siège de membre permanent européen, réagirait vraisemblablement assez mal, tant il est attaché à cet attribut de puissance. La France devrait tout de même franchir ce pas. Non pour créer des divisions au sein de l'Europe en excluant les Britanniques, dont l'apport est indispensable à l'édification d'une Europe digne de ce nom, mais dans l'espoir de les convaincre de s'y engager plus encore, en modifiant la réalité.

Jean Monnet, grand connaisseur de la Grande-Bretagne, souligne dans ses Mémoires le « détour » nécessaire pour convaincre les Britanniques : « Personne ne désire davantage que moi voir les Anglais dans l'Europe mais on ne les y verra pas si on leur fait trop de concession au départ[1]. » Et Monnet de citer un interlocuteur anglais lui disant, une fois la Haute Autorité du charbon et de l'acier en place : « *Now that you are a fact, we shall deal with you.* » Maintenant que vous êtes un fait tangible, nous allons traiter avec vous !

En 1950, lorsque les Français ont proposé aux Allemands de faire la Communauté du charbon et de l'acier, à parité, le « cadeau » offert aux vaincus était énorme. Monnet laissa alors les Anglais de côté, volontairement, car il savait que seule la réussite de l'entreprise les convaincrait de son bien-fondé. Raisonner encore en termes de donnant/donnant, nier le caractère dynamique de l'engagement communautaire ou attendre que les Britanniques se rallie à des « visions » théoriques, voilà le meilleur moyen de ne pas progresser.

1. Jean Monnet, *Mémoires*, *op. cit.*, p. 528.

## La confiance

Invisible, impossible à mesurer, la confiance n'en est pas moins un ingrédient indispensable de l'Europe communautaire. C'est elle qui donne à l'ensemble sa saveur. Sans confiance, l'Europe est comme un baba au rhum sans rhum.

Chez tous les acteurs européens, le mot revient souvent, au côté d'un autre, « complicité ». Même Maurice Couve de Murville, ministre des Affaires étrangères du général de Gaulle, peu enclin à la tendresse envers la CEE, raconte dans ses Mémoires que le Conseil des ministres donnait malgré tout le sentiment d'une solidarité, voire d'une certaine complicité. Ce témoignage d'un agnostique en dit long. Jacques Delors emploie quant à lui l'expression parlante d'« esprit de famille ».

De fait, la plus grande partie des problèmes actuels de l'Union vient de l'absence d'une confiance qui, depuis l'élargissement, est plus délicate à faire naître. Là encore, les qualités intrinsèques des « nouveaux » ne sont pas en cause. Mais nous nous connaissons mal. Nous sommes nombreux et divers. Les contacts directs sont plus difficiles à nouer, les relations sont un peu plus compliquées. Ceux qui affirment que l'Union européenne pourrait compter trente ou quarante membres feraient bien d'expliquer comment ils pensent accroître la capacité humaine à créer des liens.

Ainsi, le projet de directive sur la libre circulation des services, dite « directive Bolkestein », n'aurait pas suscité un débat si virulent si la confiance entre Européens avait été plus grande ; ce texte prévoyait en effet l'application, dans le pays où est effectuée la prestation, des règles du pays d'origine des prestataires. Le violent débat autour de cette disposition montre que la confiance ne se décrète pas et qu'il vaut mieux ne pas en sous-estimer l'importance. L'élargissement a beau être juridiquement réalisé, il n'est pas accompli dans les esprits.

Les fondateurs, eux, s'attachaient à construire la confiance patiemment. Les gouvernements actuels ne semblent pas s'y atteler avec beaucoup d'entrain. Il est même fréquent que leur action aboutisse à la détruire. Jean Monnet soulignait en effet qu'il n'existe qu'une manière de produire de la confiance : « Mettre ses actes en conformité avec ses paroles, afin qu'il n'y ait jamais de différence entre ce que l'on dit et ce que l'on fait. » En passant leur temps à prendre des engagements à Bruxelles et à les dénoncer à leur retour dans leur capitale, plusieurs de nos hommes politiques sont loin de mettre en œuvre ce conseil ! Lorsque, pour échapper à la procédure de déficit excessif lancée par la Commission contre l'Allemagne, le ministre des Finances allemand, Hans Eichel, a lâché, en novembre 2003 : « le pacte de stabilité n'a jamais été conçu pour s'appliquer à l'Allemagne[1] », il a attaqué la confiance à la hache. De même, quand Tony Blair refuse de soumettre le Traité constitutionnel à ratification alors même qu'il s'y est engagé et que le texte comprend, à sa demande, de nombreuses concessions censées en faciliter l'adoption en Grande-

1. Cité par Yves Clarisse, Jean Quatremer, *Les Maîtres de l'Europe*, *op. cit.*, p. 295.

Bretagne, il accrédite l'idée qu'il a cherché à tromper ses partenaires.

Pourtant, l'ingrédient de la confiance n'est pas facultatif. Plusieurs protagonistes des négociations du traité de Rome ont souligné le rôle décisif de la complicité qui, par-delà les frontières, liait alors les négociateurs. C'est parce que Maurice Faure a inspiré confiance à ses partenaires que ceux-ci ont examiné avec bienveillance les innombrables demandes françaises. La comparaison avec la manière dont Pierre Mendès France a fait capoter les négociations tendant à sauver la Communauté européenne de défense (CED), durant l'été 1954, est également riche d'enseignements. Cassant, peu ouvert, peut-être peu désireux d'aboutir, le président du Conseil a déçu ses partenaires et mené le projet à l'échec. Pareillement, le comportement brutal du général de Gaulle, annonçant par surprise, en conférence de presse, le 14 janvier 1963, la rupture unilatérale des négociations d'adhésion avec la Grande-Bretagne a blessé les partenaires de la France. En ne prenant pas même la peine de les informer discrètement, le général leur a fait perdre la face.

Enfin, savoir que les négociations du plan Schuman se sont déroulées sans interprètes et ont souvent progressé au cours de repas pris dans une petite salle à manger de l'hôtel de Martignac, à Paris, permet également de mesurer l'ampleur du défi à relever pour maintenir, dans l'Union à vingt-sept et plus, un degré élevé de complicité. Au sein de la Commission actuelle, plusieurs commissaires ne peuvent communiquer avec leurs collègues sans le concours d'un traducteur. Autrefois, tout le monde maîtrisait au moins des rudiments de français et d'anglais. Ce n'est plus le cas. Cette évolution constitue à la fois un appauvrissement culturel et une erreur politique que la France aurait dû combattre avec infiniment plus de force.

Quant aux réunions du Conseil européen (au niveau des chefs d'État et de gouvernement), elles rassemblent une bonne centaine de personnes. Là où des dîners intimes étaient concevables, il faut désormais tenir des « banquets républicains ».

Peu à peu la complicité disparaît, la confiance s'étiole, alors même que la Cour de justice a érigé la « confiance mutuelle » au rang de principe du droit communautaire[1]. Pour l'avenir, cette exigence sera d'autant plus diffcile à satisfaire que l'UE touchera à des matières plus sensibles telles que, par exemple, la reconnaissance mutuelle des décisions judiciaires qui exige que chaque État membre se fie à la justice pénale des autres.

1. Voir par exemple les affaires Hüseyin Gözütok c. Klaus Brügge, 11 février 2003 (aff.C-187/01 et C-385/01).

## Chapitre IV
# Méthode communautaire et ersatz

Une fois rappelée l'ampleur de la révolution conceptuelle que représente la création de l'Europe communautaire, ainsi que la nécessité d'un changement de mentalité pour la faire vivre, nous pouvons en venir aux innovations institutionnelles et de procédure qui sont d'ordinaire présentées comme « les » caractéristiques de la méthode communautaire : le vote majoritaire ; l'équilibre des « grands » et des « petits »[1] ; des institutions originales. Ces innovations démarquent l'Europe communautaire des ersatz que sont « la méthode ouverte de coordination », utilisée en matière économique depuis 2000, ou « la politique étrangère et de sécurité » de l'Union européenne. Et la différence se mesure aux résultats.

## Le vote majoritaire

L'une des anecdotes les plus parlantes des Mémoires de Jean Monnet a trait à l'unanimité. Il raconte ainsi, à

1. Ces vocables désignent les pays les plus et les moins peuplés ; dans l'UE actuelle, l'Allemagne compte par exemple plus de 80 millions d'habitants, le Luxembourg environ 450 000.

propos de la Société des Nations (SDN) : « Une image parmi d'autres s'y fixait dans ma mémoire : c'est celle d'une séance du Conseil où on discutait de la répartition des matières premières dans le monde. Le représentant de l'Italie a insisté pour que l'on prît une certaine décision. Comme à l'habitude, le représentant anglais semblait dormir. Quand vint son tour, il se leva et dit simplement : "Le gouvernement de Sa Majesté est contre", puis il reprit sa somnolence. La question a été réglée[1]. »

Depuis Albert Cohen et son magnifique roman *Belle du Seigneur*, chacun sait que la SDN laissait du temps libre pour dormir ou… pour se livrer à d'autres activités. Mais, hélas, ce récit pourrait parfaitement décrire le fonctionnement du Conseil des ministres de l'Union européenne en 2006, si le rabais dont bénéficie la Grande-Bretagne sur le budget ou encore l'harmonisation fiscale venaient à être inscrits à l'ordre du jour. De même, quiconque voudrait toucher à certains aspects de la politique agricole commune susciterait une réaction française similaire, quiconque voudrait harmoniser l'immigration se heurterait au veto allemand.

L'anecdote de Monnet montre à quel point, dans un système fondé sur l'unanimité, l'obstruction est non seulement permise mais sacralisée, quelles qu'en soient les conséquences. Bien des textes utiles ne sont pas adoptés en raison de la mauvaise volonté d'un petit nombre : ainsi, les entreprises européennes attendent toujours le brevet communautaire, bloqué par le jeu croisé des vetos. La question du vote est donc centrale pour l'efficacité.

1. Jean Monnet, *Mémoires*, *op. cit.*, p. 113.

Le vote majoritaire mérite aussi d'être défendu, car il représente un pas décisif vers l'avènement de la démocratie dans la sphère internationale. Pour Robert Schuman, « la Communauté européenne [...] repos[e] sur l'égalité démocratique transposée dans le domaine des relations entre les nations[1] ».

Cette modalité de vote a souvent été caricaturée par les adversaires de l'Europe politique comme une atteinte inacceptable à la souveraineté des États. Le général de Gaulle rejetait le vote majoritaire. Maurice Couve de Murville, son ministre des Affaires étrangères, défendait ainsi dans ses Mémoires l'idée suivante : « L'unanimité est indispensable. Voici une question de principe essentielle : comment imaginer que *l'on* puisse, sans notre accord et *a fortiori* contre notre volonté, disposer de notre souveraineté ? C'est aussi une question de bon sens : qui peut penser que serait acceptée et applicable, dans un pays quelconque, une mesure qu'il aurait refusée parce qu'il la considérait comme allant contre ses principes ou contre ses intérêts politiques et économiques[2] ? »

Couve de Murville avait parfaitement raison de rappeler l'importance de la légitimité des décisions, mais l'argumentation de l'ancien ministre gaulliste comporte trois failles. Tout d'abord, dans les instances communautaires, ce n'est pas un « on » anonyme et arbitraire qui peut nous mettre en minorité : les partenaires réunis autour de la table sont connus. Avant le vote, le sujet est

1. Robert Schuman, *Pour l'Europe*, *op. cit.*, p. 44.

2. Maurice Couve de Murville, *Une politique étrangère, 1958-1969*, Paris, Plon, 1971, p. 297 (je souligne).

longuement débattu. En outre, en vertu du monopole législatif de la Commission, les États membres ne peuvent modifier la proposition de la Commission qu'avec l'accord de celle-ci et à l'unanimité. Ce garde-fou en faveur des minorités – malheureusement fort peu connu du grand public et des commentateurs – joue un rôle important dans la vie quotidienne à Bruxelles (même si la codécision en réduit désormais un peu la portée). Enfin, nos démocraties reposent sur la règle selon laquelle la minorité s'incline devant la majorité. Nous ne voyons pas pourquoi ce principe supérieur, reconnu à l'intérieur de nos États, perdrait sa vertu au niveau communautaire.

Le refus de passer à la majorité trahit en réalité, le plus souvent, un désaccord de fond entre les partenaires : l'Union européenne à vingt-sept n'a pas suffisamment clarifié la nature de l'*affectio societatis* qui lie ses membres. Mais cette ambiguïté appelle une solution tout autre que le recours au veto : c'est le partage d'une même finalité, d'une même vision de la société et de l'économie qui donne son sens à l'élimination du veto. Choisissons bien nos partenaires (vingt-sept ou moins si nécessaire), explicitons avec eux le projet mené en commun, mais, une fois engagés, ne cherchons plus à ériger des barrières entre nous. L'accord sur l'essentiel est incontournable ! Aucune « ruse », aucun mécanisme juridique, ne permet de se dispenser de l'accord sur l'essentiel.

En tout état de cause, la caricature dressée par de Gaulle d'une « construction apatride », d'une « patrie artificielle qu'aura enfantée la cervelle des technocrates », a vieilli. Et les passages des *Mémoires d'espoir* qui décrivent la nation de manière incandescente laissent entiers les problèmes auxquels notre génération est confrontée dans le maelström de la mondialisation. Le général lui-même perçut le problème quand il écrivit : « À moins de se rompre, cet ensemble humain [la nation] comporte donc un passé, un présent, un avenir indissolubles. » Rien ne nous assure que, soumise à des bouleversements majeurs, mondiaux, notre nation se perpétuera sans se rompre. La Fontaine nous a appris que le chêne, « de qui la tête au Ciel était voisine/Et dont les pieds touchaient à l'Empire des Morts[1] », ce grand arbre des forêts gauloises, finit parfois par céder.

L'analyse du général qui décrivait l'Europe comme un rassemblement de nations « toutes de même race blanche, de même origine chrétienne, de mêmes manières de vivre [2] » n'offre plus, à l'évidence, la clé des problèmes qui se posent à des sociétés bigarrées, prises dans les échanges globaux et les brassages. Nos nations se transforment. Préserver la grandeur de la France passe par la construction d'une Europe forte. À cette fin, il faut cesser de dramatiser la question des modalités de vote. Étant donné le nombre d'États membres, le risque est autant celui de la paralysie que de votes mettant, de temps à autre, notre pays en minorité. Quoi que l'on puisse penser de la mesure elle-même, c'est en raison de la règle de l'unanimité que Jacques Chirac n'a pas pu honorer sa promesse de baisser la TVA dans la restauration. Dire qu'une compétence est exercée au niveau communautaire tout en maintenant le vote à l'unanimité revient à tromper les citoyens.

1. Jean de La Fontaine, *Fables*, livre I, fable 22, « Le chêne et le roseau ».

2. Charles de Gaulle, *Mémoires d'espoir*, *op. cit.*, p. 181.

## L'équilibre entre les « grands » et les « petits »

L'un des miracles de la Communauté était d'organiser une coopération harmonieuse de la France, de l'Italie et de l'Allemagne avec des États de plus petite taille (le Benelux), sans privilégier ni laminer personne. De ce point de vue, les écrits de Paul-Henri Spaak – Premier ministre de la Belgique, l'un des « petits » des débuts – sont révélateurs de la sagesse des fondateurs. Il rejetait aussi bien la domination des « grands » – « ceux qui voient cet avenir comme une alliance des grands pays, alliance qui imposerait ses vues aux petits pays et commencerait sans doute par les faire disparaître en tant que nations, commettent une singulière erreur[1] » – qu'il écartait les revendications excessives des « petits » : « Les instruments diplomatiques sur lesquels nous vivons indiquent que toutes les nations sont égales. C'est une vue de l'esprit qui n'a aucun prolongement dans la réalité ; il y a une hiérarchie nécessaire des nations que nous acceptons, pour autant que les grandes puissances ne pratiquent pas, comme elles ont trop tendance à le faire, une politique excessive à l'égard des petites[2]. »

Les fondateurs n'eurent pas la naïveté de gommer la réalité ; ils essayèrent de l'aménager d'une manière acceptable par tous. D'un point de vue historique, leur innovation est sans précédent : lorsque Robert Schuman et Jean Monnet osent, en 1950, proposer aux Allemands la parité, ils dévaluent d'un coup la question de la puissance relative de nos

1. Paul-Henri Spaak, *PEA*, *op. cit.*, p. 22.
2. *Ibid.*, p. 89.

États, qui, par le passé, fut la cause de la plupart des conflits en Europe !

Cette audace est si grande qu'elle mérite d'être rappelée : la paix n'est pas venue par un tour de passe-passe ou par de grandes déclarations. Elle est née grâce à l'instauration d'un autre rapport de nation à nation. À ceux qui, sans cesse, ramènent le débat institutionnel à la comparaison du poids respectif de chaque État, rappelons que la période la plus féconde de notre histoire fut celle où la volonté de coopérer a pris le pas sur les questions de puissance. La grandeur ne tient pas seulement à la taille. Là encore, les Européens n'ont pas conscience de la modernité de leur démarche, ni de la valeur de cette expérience de cinquante ans de coexistence entre « grands » et « petits » au moment où le monde devrait s'organiser sur un fondement plus équitable.

Au sein du Conseil des ministres, les majorités sont à la fois pondérées (le poids de chacun des États est fonction du nombre de ses habitants) et qualifiées (il faut environ deux tiers des voix pour décider). Voilà des bémols que les souverainistes mentionnent rarement lorsqu'ils critiquent le vote majoritaire. Naturellement, cette forme de coopération représente, pour les « grands » États, un certain sacrifice, puisque les « petits » sont surreprésentés. Mais, dans les discussions, les « petits » n'ont pas la même capacité de résistance, ni les mêmes contreparties à faire valoir. Et l'essentiel, encore une fois, est que l'Europe soit capable de prendre des décisions dans l'intérêt commun, pas que les uns ou les autres aient indéfiniment un pouvoir de blocage. Enfin, rappelons que les coalitions sont quasiment toujours liées aux sujets traités ou aux affinités politiques ; dans la vie quotidienne des institutions, à Bruxelles, la taille des États ne joue guère.

Malgré cette réalité, la confrontation entre « grands » et « petits » s'est exacerbée ces dernières années, notamment pendant les conférences intergouvernementales conclues à Amsterdam en 1997, à Nice en 2000 et à la Convention européenne en 2003. Par leur refus d'admettre que les équilibres subtils des origines s'étaient dégradés en leur faveur au fil des élargissements, les « petits » ont pris un risque considérable. En apparence, ils ont obtenu gain de cause et conservé, par exemple, « leur » commissaire. Mais la Commission à vingt-sept, pléthorique, intergouvernementale, a perdu une partie de son efficacité et de sa légitimité. La maladresse des « grands », prompts à se dédouaner de leurs obligations (comme par exemple à propos du pacte de stabilité) ou à faire preuve d'arrogance (le président Chirac invitant, en 2003, les Polonais à « se taire »), n'a rien arrangé. Et le « non » des Pays-Bas s'explique en partie par la crainte d'un « directoire des grands », notamment d'une domination franco-allemande.

Ce dévoiement touche au cœur de la réussite communautaire. Il gagne les esprits qui devraient y être le plus étrangers. Ainsi, en plaidant pour l'« égalité des États », l'actuel président de la Commission, José Manuel Barroso, a pris le risque de transformer l'Union européenne en Assemblée générale des Nations unies : le principe d'égalité y règne, au détriment de la capacité de décision. Malte n'est pas l'Allemagne. Et ce n'est pas faire injure aux Maltais que de respecter la taille de la population allemande et son extraordinaire apport à l'Union. D'où le caractère très judicieux de la double majorité prévue par le Traité constitutionnel : toute décision devait être prise par une majorité qualifiée d'États représentant une majorité qualifiée de population. Cette innovation n'est pas entrée en vigueur, à ce jour, faute de ratification… unanime.

Au total, la question du vote majoritaire ne mérite ni d'être diabolisée, comme le font les souverainistes, ni d'être sacralisée à l'excès, comme le font parfois certains partisans de l'intégration communautaire. Il est illusoire de penser que l'instauration du vote majoritaire, dans la politique étrangère par exemple, suffirait, à lui seul, à gommer les divergences. Ce n'est toutefois pas une raison pour ignorer qu'à vingt-sept ou trente États conserver l'unanimité revient à se condamner à l'impuissance. Aucune Union politique, aucun *superpower* (Blair), aucune « Europe » véritable ne pourra se construire sans l'introduction, au moins progressive, du vote majoritaire, quitte à recourir à des majorités « super qualifiées » ou à d'autres solutions techniques.

## Des institutions originales

Certains, lassés par la discussion assez stérile de ces dernières années, échaudés par le référendum négatif sur le Traité constitutionnel, tentent de se persuader désormais que les institutions comptent moins que les « projets ». La mode est au « concret », au « pragmatisme ». Certains se consolent aussi en affirmant que l'Union à vingt-sept continue malgré tout d'exister. Cette illusion doit être combattue : l'Union est sur une mauvaise pente. Pour les fondateurs, les projets ne se dissociaient pas des institutions nécessaires pour les mener à bien et les institutions trouvaient leur raison d'être dans le projet à conduire.

Naturellement, les institutions ne sont pas une fin en soi mais, dans un système politique plus vulnérable qu'un État, soumis à des forces centrifuges puissantes, elles sont un gage de durée et d'efficacité.

Dans l'une de ses contributions à la Convention[1], en 2002, la Commission européenne définit « la méthode communautaire pure » dans les termes suivants : « Un système où la Commission – institution représentative de l'intérêt général européen – détient le monopole de l'initiative législative et le Conseil – institution composée des représentants des gouvernements des États membres – et le Parlement européen – institution représentative des peuples – en codécision adoptent des actes. Le Conseil vote à la majorité qualifiée, l'unanimité étant nécessaire quand il veut amender la proposition de la Commission. Le système est complété par la Cour de justice[2], pouvoir juridictionnel indépendant qui assure le respect de la règle de droit. »

Comme nous l'avons indiqué dès le premier chapitre, cette définition purement institutionnelle de la « méthode communautaire » nous paraît trop sèche, voire réductrice, mais les exigences procédurières, juridiques, de cette méthode sont en effet capitales.

1. Doc CONV 231/02, disponible sur le site web de la Convention européenne : www.european-convention.eu.int.

2. Les juridictions communautaires comptent aujourd'hui la Cour de justice proprement dite et le Tribunal de première instance ; par souci de concision, nous n'entrerons pas dans le détail des pouvoirs de chacun.

Peut-être peut-on imaginer d'autres équilibres institutionnels mais, pour réformer l'Europe sans en trahir l'esprit, encore faut-il les connaître et les comprendre. En voici, sans entrer dans les détails, les traits les plus originaux.

### *La Commission, garante de l'intérêt général*

La prééminence, aux yeux des fondateurs, de l'intérêt commun a justifié la création d'un organe à part entière, la Haute Autorité (CECA), puis la Commission (CEE), chargé de l'incarner et de le défendre. Indépendante des États, à la fois experte et politique, la Commission n'a pas d'équivalent dans les régimes politiques fondés sur la séparation des pouvoirs, au sens de Locke et de Montesquieu. C'est pourquoi son rôle est souvent mal compris. Elle n'est ni le gouvernement de l'Europe ni un simple secrétariat d'organisation internationale.

Organe collégial, elle repose sur le principe selon lequel chaque commissaire participe à la décision collective, y compris sur les matières ne relevant pas de son portefeuille. Ainsi, aucun domaine n'est « réservé » à un pays. L'intérêt général est défendu par tous.

Dans la majorité des cas, la Commission n'a qu'un pouvoir de proposition. Elle rédige des projets de textes qui sont ensuite soumis au Conseil des ministres et au Parlement ; ce sont eux qui décident. Son rôle est de « déminer » le terrain, d'aplanir les divergences, de rapprocher les gouvernements afin de faciliter la décision. Pour Robert Marjolin, « le rôle de la Commission était d'autant plus fécond que les propositions qu'elle formulait et présentait au Conseil des ministres étaient certaines d'y recevoir un accueil favorable ou, en tout cas, de ne pas se heurter à un veto absolu qui ne laissât aucune place à la négociation. C'est ce qui se produisit pendant ce que j'ai appelé la lune de miel du Marché commun [de 1958 à 1962] ; si une crise grave éclata en 1965, c'est qu'une majorité de la Commission s'écarta de cette règle d'or[1] ». Par la suite, Jacques Delors excella dans cette mission.

Comme nous l'avons déjà indiqué, grâce au monopole de l'initiative en matière législative, elle est en mesure de protéger les États risquant d'être mis en minorité[2]. Certains réclament pour le Parlement l'initiative des « lois communautaires », mais encore faudrait-il offrir aux « minoritaires » des garanties équivalentes à celles dont ils jouissent aujourd'hui. La Commission dispose d'ailleurs d'un monopole tout relatif puisque seuls 5 % des propositions qu'elle formule sont les siennes propres ; en réalité, elle reprend souvent à son compte les demandes d'autres organes[3]. L'efficacité de ce monopole est avérée : la tentative de le

1. Robert Marjolin, *Le Travail d'une vie*, *op. cit.*, p. 310.

2. Voir le document pédagogique de la Commission sur ce point, CONV 230/02 du 3 septembre 2002, disponible sur le site web www.european-convention.eu.int.

3. Dans 12 % des cas, ce sont des actes prévus par les traités ou le droit dérivé ; dans 17 % des cas, la Commission répond à une demande expresse des autres institutions, des États membres ou des opérateurs économiques ; dans 31 % des cas, le texte proposé répond à des obligations internationales souscrites par la Communauté et, dans 35 % des cas, à des adaptations du droit communautaire « rendues nécessaires par l'évolution des données scientifiques, économiques et sociales ».

retirer à la Commission pour redonner l'initiative aux États en matière de coopération judiciaire, policière et pénale n'a pas été probante ; les projets de textes conçus par l'administration d'un État, trop marqués par *une* culture juridique, n'offraient pas une base de discussion appropriée. La Commission, qui compte des fonctionnaires de toutes origines et des traducteurs dont les administrations nationales sont dépourvues, est plus à même de préparer des projets de synthèse.

Enfin, dans quelques domaines particuliers, la Commission possède un pouvoir propre de décision (politique de la concurrence) ou de représentation, sur mandat des États (politique commerciale). Parce que, dans ces deux matières, l'Europe est bien organisée, elle peut être « en première ligne », comme l'écrit Pascal Lamy.

Le Parlement exerce désormais un contrôle étroit sur la Commission au moment de sa composition. En 2004, il a rejeté certains candidats pressentis. Il peut aussi la censurer en cours de mandat (en 1999, il a fait chuter la commission Santer).

Sans entrer dans plus de détails, retenons que la Commission ne mérite ni excès d'honneur ni accusation d'indignité. Son affaiblissement actuel est grave. Tous les États, grands ou petits, risquent d'y perdre. Parfois ce sont ses propres abus ou dérapages qui expliquent sa marginalisation mais les gouvernements nationaux ont aussi leur part de responsabilité. Lorsque, par le traité de Nice, ils en ont changé la nature pour en faire un organe où chaque État est « représenté » par un commissaire, ils ont même pris le risque d'altérer l'équilibre institutionnel ; l'équilibre des origines (quand les grands désignaient deux commissaires contre un pour les petites) est brisé. De manière déplorable, certains gouvernements des « grands » pays ont volontairement écarté des personnalités jugées trop indépendantes[1].

La Commission n'est pas une vache sacrée ; d'autres organes sont concevables à sa place, à condition de bien comprendre l'importance de sa mission. Toute entreprise de relance de la construction européenne ne pourra faire l'économie d'une remise à plat de la représentation de l'intérêt général et de l'exercice des fonctions d'expertise. En faire un pseudo-gouvernement sans lui en donner tous les pouvoirs n'est pas forcément le meilleur service à lui rendre.

### *Le Conseil des ministres, représentant des États*

Parfois, les partisans d'une Europe fédérale minimisent ou diabolisent le rôle du Conseil des ministres où agissent les représentants des États. C'est une erreur que les fondateurs ne commettaient pas et que Jacques Delors, lorsqu'il était président de la Commission européenne, a, lui aussi, évitée. Il raconte dans ses Mémoires[2] qu'il ne répugnait pas à aller expliquer ses projets au Coreper[3] parce qu'il ne se

1. Andrea Bonannil, « Dovevamo lasciare Monti a Bruxelles », entretien avec Romano Prodi, *La Repubblica*, 27 février 2006.

2. Jacques Delors, *Mémoires*, Paris, Plon, 2004.

3. Organe où siègent non les ministres eux-mêmes mais leurs représentants (représentants permanents ou adjoints des États auprès de l'UE) et qui a pour mission de préparer les séances ministérielles du Conseil.

prenait pas pour le « gouvernement de l'Europe ». Le rôle central du Conseil dans la procédure législative, son importance dans bien d'autres domaines, comme le budget, la politique commerciale ou les mesures d'exécution (*via* l'action des comités d'expert), attestent que les fondateurs n'ont pas entendu déposséder les États de leurs prérogatives. Il est bon qu'il en soit ainsi, dans une Union *d'États et de peuples*.

Ce qui, à l'avenir, devrait être remis en cause, c'est moins le rôle du Conseil que la manière d'y exercer le pouvoir : les membres des gouvernements devraient avoir conscience du fait que, lorsqu'ils siègent au Conseil des ministres, ils ne sont pas seulement des élus nationaux ni même des négociateurs réunis mais des autorités européennes à part entière, coresponsables des décisions prises à « Bruxelles ». Avant d'élire un président de la République au printemps 2007, les Français devraient se demander s'il fera un bon membre du Conseil européen. De même, chaque ministre national devrait faire la preuve qu'il sera un représentant qualifié au Conseil des ministres. Alors que les commissaires sont longuement auditionnés par le Parlement européen afin de déterminer s'ils sont aptes à occuper leur poste, rien de tel n'existe au niveau national. Voilà un bon exemple du « double standard » actuellement en vigueur : au niveau communautaire, les garanties de compétences ne sont jamais suffisantes alors qu'au niveau national elles sont parfois inexistantes.

Le Conseil souffre beaucoup de l'augmentation du nombre de ses membres ; il a changé de nature, sombrant parfois dans l'inefficacité la plus regrettable. À la fin d'un

« conclave » des ministres des Affaires étrangères, le 28 mai 2006, l'AFP a produit une dépêche digne d'un sketch d'humoriste – « Union européenne : les 25 veulent sortir de l'immobilisme mais reportent toute décision à 2009 ».

L'organe qui, du côté des États, joue désormais le rôle le plus important n'apparaît pas dans les traités : c'est le Conseil européen. Faute d'entrée en vigueur du Traité constitutionnel, il est condamné pour l'instant à demeurer un « organe fantôme ». Créé, à l'origine, sur une idée de Jean Monnet et de Valéry Giscard d'Estaing pour encourager les échanges « au coin du feu » entre chefs d'État et de gouvernement, il est entre-temps devenu une sorte de « super-Conseil des ministres ». Là encore, l'objectivité invite à modérer les critiques émanant du camp fédéraliste. Longtemps, le Conseil européen a servi efficacement la cause communautaire. C'est lui qui a lancé et porté certains des plus grands projets communautaires, notamment l'euro[1].

Aujourd'hui, cependant, l'esprit n'y souffle plus guère. Ses membres sont bien moins engagés que certains de leurs prédécesseurs de la grande époque (Kohl, Mitterrand, Delors, Gonzáles, Dehaene, etc.). Alourdi par le nombre, paralysé par le veto, il est souvent incapable de décider. Les mesures de sécurité qui entourent les rencontres donnent l'image d'un aréopage coupé des populations. La télévision se borne en général à montrer l'arrivée de voitures devant les bâtiments où se tiennent les réunions. Et, à l'issue de ses travaux, vingt-sept versions différentes de l'événement sont

1. Voir notamment Philippe de Schoutheete, Helen Wallace, *Le Conseil européen*, Paris, Groupement d'études et de recherches/Notre Europe, septembre 2002.

données par des presses nationales mettant chacune en scène « le héros national ».

En dépit des déclarations triomphantes des uns et des autres, le résultat des rencontres est souvent difficile à évaluer, comme par exemple l'échange de vues de Hampton Court relatif à la mondialisation, en octobre 2005. Trop souvent, les conclusions de la présidence sont scandaleusement illisibles ; c'est en général un mélange d'autofélicitations, de vœux pieux et d'engagement à faire mieux la prochaine fois. Quand le Conseil a fixé un calendrier, il crie déjà « Alléluia » ! Le mettre en œuvre est une autre affaire... Par son incapacité à traiter les questions essentielles et par ses querelles mineures, il ne cesse de se dévaloriser.

Lors d'un débat avec le très gaulliste Michel Debré, dans les années 1950, Paul-Henri Spaak avait déjà qualifié de « conte de fées » l'idée de confier des responsabilités à une réunion des Premiers ministres. Voici sa réponse – comme toujours ironique et tonique : « Croire [...] que l'Europe se réalisera si [...] les Premiers ministres [...] se réunissent et discutent au lieu et à la place des ministres des Affaires étrangères – [...] voilà un conte de fées, voilà véritablement une conception idyllique des choses mais qui ne répond en rien à la réalité[1]. »

Voilà peut-être où nous en sommes. De tous les organes européens, le Conseil est sans doute celui qui a le plus besoin d'une réforme, quel que soit le destin du Traité constitutionnel.

1. Spaak parle en tant que président du comité intergouvernemental créé à Messine, le 11 mai 1956, *PEA*, *op. cit.*, p. 556.

### *Le Parlement, représentant des citoyens*

Dès 1950, pour la Communauté du charbon et de l'acier, les fondateurs avaient tenu à créer un organe parlementaire chargé du contrôle des institutions communes. N'en déplaise aux souverainistes amateurs de caricature, ils ne rêvaient pas d'organes technocratiques dispensés de rendre des comptes.

Depuis 1979, les députés européens sont élus au suffrage universel direct. L'Union européenne est ainsi la seule organisation supranationale dans laquelle les citoyens ont la possibilité d'élire des représentants qui ont un rôle législatif. Ces élections souffrent encore de taux d'abstention trop élevés (en 2004, 50 % en France ou en Allemagne, et jusqu'à 75 % dans certains nouveaux États membres) mais elles constituent néanmoins un rendez-vous démocratique régulier. Malgré la lenteur des changements, les choses évoluent dans le bon sens : des partis transnationaux comme le Parti populaire européen, le Parti socialiste européen ou l'Alliance des libéraux et des démocrates commencent à travailler par-delà les frontières.

Dans une Union *d'États et de peuples*, lorsqu'on affiche l'ambition d'« unir des hommes », le volet parlementaire est capital. Depuis le traité d'Amsterdam, le champ de la « codécision » (où Conseil et Parlement font les « lois » européennes conjointement) a été considérablement étendu, même si les prérogatives du Parlement demeurent encore tronquées : il ne vote pas les perspectives financières (la loi de finances pluriannuelle de la Communauté). Il n'a pas grand-chose à dire sur la politique agricole, première politique commune en valeur, ni sur la concurrence, première politique par ses répercussions internationales. Enfin, contrairement au puissant Congrès américain, il n'a pas de compétences en matière de politique commerciale.

Au sein du Parlement, l'élargissement n'a pas produit les mêmes bouleversements qu'au Conseil ou à la Commission. L'effet du nombre, de l'hétérogénéité est atténué par le travail dans des commissions spécialisées et des groupes partisans. Le contrôle vigilant exercé par les députés lors de la composition de la Commission Barroso, son travail de fond sur les directives REACH (chimie) ou relative à la libéralisation des services sont unanimement salués.

Désormais, le Parlement européen a vocation, tout autant que la Commission, à défendre l'intérêt général. Pour cette raison, il est incontestablement l'organe qui sera appelé à jouer, à terme, le plus grand rôle, mais il ne peut ni ne doit se substituer aux organes exécutifs. Seul, il ne peut sortir l'Union de l'impasse. En revanche, c'est en son sein que l'aspiration à plus de démocratie sera satisfaite ou… définitivement déçue. Enfin, sa réussite est un enjeu mondial : il est le laboratoire de la plus grande démocratie supranationale et pluriculturelle du globe.

Ces dernières années, une évolution paradoxale a eu lieu. Alors qu'à de rares exceptions près (Guy Verhofstadt en Belgique) le concept d'Europe fédérale est en perte de vitesse, même dans les pays de tradition fédéraliste comme les Pays-Bas, les gouvernements n'ont cessé d'étendre le champ de la codécision et de donner au Parlement européen des pouvoirs de contrôle sur la Commission, calqués sur les schémas de la séparation des pouvoirs telle qu'elle se pratique dans… les États ! Cette évolution mal pensée, peu conforme à l'originalité du système politique communautaire, risque d'en détruire les fragiles équilibres. Ainsi, par exemple, le président de la Commission est désormais choisi dans la majorité du Parlement, mais cette innovation n'apporte pas grand-chose dans la mesure où il n'est pas libre de mener la politique de « son camp », n'ayant pas le choix des membres de son équipe. Et, si la Commission doit rester ce qu'elle a toujours été, pourquoi politiser le choix de son président ? Une politisation plus grande encore compromettrait son rôle d'expert impartial dans la politique de concurrence ou dans la négociation commerciale.

Aussi le Parlement – et l'Union avec lui – se trouve-t-il au milieu d'un gué : il a quitté la rive communautaire sans atteindre le rivage fédéral. La Convention n'a pas tranché. L'un des enjeux des négociations autour du Traité constitutionnel sera de lever cette ambiguïté : poursuivons-nous dans la voie communautaire, qui a ses vertus mais n'entre pas dans les schémas démocratiques que les citoyens (et visiblement leurs gouvernants) ont en tête ? Ou passons-nous à une autre construction, non par idéologie mais par souci d'efficacité et de simplicité ? Et, si oui, selon quelles modalités ?

## *La Cour de justice, gardienne du droit*

Même si la Cour est peu connue, elle a joué un rôle décisif dans le développement de l'Europe communautaire. À leur manière, les juges de Luxembourg ont fait preuve d'une audace que Jean Monnet n'avait pas prévue mais qu'il n'aurait pas désavouée. Comme Kant l'avait imaginé au XVIIIe siècle, la paix – sinon perpétuelle, du moins durable – s'est établie par le droit. La jurisprudence de la Cour a été, à cet égard, d'une extraordinaire créativité : c'est elle qui a fait des Communautés un « ordre juridique intégré », affirmant à la fois la primauté du droit communautaire sur le droit national et son effet direct. Elle a fait des citoyens européens – personnes privées ou entreprises – des sujets de droit communautaire. Récemment, elle a encore rendu une décision novatrice d'une grande portée[1] en jugeant que le législateur communautaire peut prendre des mesures « en relation avec le droit pénal des États membres », lorsque celles-ci sont, sous certaines conditions, indispensables pour lutter contre des atteintes graves à l'environnement.

En raison de sa constance, elle est sous le feu des critiques ; ainsi, le Chancelier autrichien Schüssel a commencé sa présidence du premier semestre 2006 en contestant assez violemment certaines de ses décisions[2]. Pourtant, quand les Autrichiens se protègent contre l'afflux d'étudiants allemands, attirés par l'absence de *numerus clausus*, en exigeant des diplômes secondaires autrichiens pour l'entrée à l'université, ils méconnaissent le droit communautaire[3]. La Cour a raison de les sanctionner.

1. Arrêt Commission c. Conseil de l'UE, 13 septembre 2005 (aff. C-176/03).

2. Michael Fleischhaker, Wolfgang Böhm, « Nationale Politik nicht untergraben », entretien avec Wolfgang Schlüssel, *Die Presse*, 31 décembre 2005.

3. Affaire Commission c. Autriche, 7 juillet 2005 (aff. C-147/03).

En tenant des discours ambigus contre la prééminence du droit, les dirigeants européens sapent dangereusement la construction communautaire. Faute de pédagogie, les Européens ne mesurent pas leur chance : la méthode communautaire signifie d'abord que la règle de droit s'est substituée, à un échelon supranational, à la loi du plus fort, même sur des points sensibles pour la souveraineté des États membres. La Commission a ainsi porté devant la Cour son différend avec la France et l'Allemagne sur l'interprétation du pacte de stabilité[1]. Que ces procédures puissent se dérouler calmement est l'une des réussites extraordinaires de l'Europe communautaire (en l'occurrence, la Cour a, en partie, donné raison à la Commission contre deux grands États membres représentant 50 % du PNB européen et, en partie, reconnu les pouvoirs de ces pays).

À part au Conseil de l'Europe[2], il n'y a pas d'équivalent dans le monde d'une telle prééminence du droit. Même les Américains, héritiers d'une grande et ancienne démocratie, refusent catégoriquement de se soumettre à des juridictions supranationales. Une fois encore, la réussite de l'Europe est importante, non seulement pour ce continent, mais aussi pour le monde entier, par sa valeur d'exemplarité.

Si le Traité constitutionnel était renégocié, il serait absolument primordial de préserver la Cour, organe clé d'une Europe communautaire fondée sur le droit.

1. Affaire Commission c. Conseil de l'UE, 13 juillet 2004 (aff. C-27/04).

2. La Cour européenne des droits de l'homme, localisée à Strasbourg, prend des décisions qui s'imposent à ses membres en matière de démocratie, de droits de l'homme, de protection des minorités, etc.

## L'échec des ersatz

Ces dernières années, l'Union européenne a répugné à recourir à la méthode communautaire. Le résultat est pour le moins mitigé. Nous en prendrons deux exemples : la méthode ouverte de coordination et la politique étrangère et de sécurité commune.

### *La « méthode ouverte de coordination »*

Dans le document adopté lors du Conseil européen des 23 et 24 mars 2000, à Lisbonne, les gouvernements rappellent fort à propos que quinze millions d'Européens sont sans travail ; ils promettent de faire de l'Europe, d'ici 2010, « l'économie de la connaissance la plus compétitive et la plus dynamique du monde, capable d'une croissance économique durable accompagnée d'une amélioration quantitative et qualitative de l'emploi et d'une plus grande cohésion sociale[1] ». Rien que cela !

L'ambition est immense, le ton lucide : « L'Union européenne se trouve face à un formidable bouleversement induit par la mondialisation et par les défis inhérents à une nouvelle économie fondée sur la connaissance. Ces changements touchent tous les aspects de la vie de chacun et appellent une transformation radicale de l'économie

1. « Conclusions de la présidence », Conseil européen de Lisbonne, 23-24 mars 2000, art. I-5.

européenne[1]. » L'association de considérations sociales et environnementales à la question de la compétitivité, l'affirmation de l'objectif d'intégration sociale, la priorité donnée à la connaissance sont autant d'idées fécondes. L'Union a raison de ne pas dissocier compétitivité et justice sociale.

Mais, pour atteindre ces objectifs, la méthode retenue est inconsistante. Alors que sont en cause les conditions de vie – voire de survie, au quotidien – de plusieurs millions de familles européennes, alors qu'est engagée la cohésion de nos sociétés, les gouvernements se contentent de peu : le cœur de la démarche est de permettre de « diffuser les meilleures pratiques et d'assurer une plus grande convergence au regard des principaux objectifs de l'UE[2] ». Cette méthode est conçue comme une aide apportée aux États pour « développer progressivement leurs propres politiques » ; notamment elle consiste à :

– « définir des lignes directrices pour l'Union, assorties de calendriers spécifiques [...] » de mise en œuvre ;

– « établir, le cas échéant, des indicateurs quantitatifs et qualitatifs et des critères d'évaluation [...] de manière à pouvoir comparer les meilleures pratiques » ;

– « traduire ces lignes directrices européennes en politiques nationales et régionales » ;

– « procéder périodiquement à un suivi, une évaluation et un examen par les pairs, ce qui permettra à chacun d'en tirer des enseignements ».

1. *Ibid.*, art. I-1.
2. *Ibid.*, art. I-37.

Cette manière de procéder est incontestablement utile ; il est toujours bon d'échanger des expériences. Se soumettre à l'évaluation des autres conduit les États à rendre des comptes sur ce qu'ils font. Cette transparence nouvelle a donné aux associations nationales et aux acteurs de terrain, qui s'en félicitent, des moyens d'exercer eux-mêmes des pressions en vue de faire respecter les politiques nationales jusque-là relativement opaques. Elle va donc dans le bon sens. Mais est-elle suffisante ? L'approche retenue est « totalement décentralisée, conformément au principe de subsidiarité », c'est-à-dire, en bon français, que chacun des États membres fait ce qu'il veut ou ce qu'il peut, tout en étant exonéré de sanctions. Et le Conseil européen de faire « tout particulièrement appel au sens des responsabilités sociales des entreprises en ce qui concerne les meilleures pratiques en matière d'éducation et de formation tout au long de la vie, d'organisation du travail, d'égalité des chances, d'intégration sociale et de développement durable ».

Depuis 2000, la croissance n'a pas été accrue et la situation de l'emploi demeure, en dépit de différences assez grandes entre États membres, largement préoccupante. Dans plusieurs États membres, les réformes structurelles marquent le pas. Faut-il s'étonner dans ces conditions que deux pays fondateurs aient rejeté le Traité constitutionnel ? et qu'en France au moins les électeurs aient principalement voté non à cause du chômage ? Lorsqu'ils sont interrogés sur les « domaines dans lesquels la coopération au sein de l'UE peut permettre de mieux résoudre les problèmes », ils plébiscitent une politique étrangère et de défense à 77 % ou une politique de recherche à 88 % mais ne sont que 51 % à évoquer la lutte contre le chômage[1].

Le choix délibéré de procédures dont il est hautement probable qu'elles ne permettront pas d'arriver à un résultat rapide est scandaleux ; il a été dénoncé par nombre d'économistes[2]. Le fait que le président Barroso ait, peu après sa nomination, placé la prospérité et l'emploi au premier rang des priorités de la Commission est un trompe-l'œil : dépourvu de compétences dans ces domaines, il n'a pas le pouvoir de forcer les États récalcitrants à agir. Une fois encore, des attentes ont été créées, impossibles à satisfaire. Ce n'est pas une manière de travailler que la Commission, clé de voûte communautaire, devrait encourager. L'ersatz déçoit et contribue à sa propre perte.

## *La politique étrangère et de sécurité*

La politique étrangère et de sécurité dite commune souffre du même défaut : l'efficacité est sacrifiée au maintien des prérogatives des États. Les considérations de prestige, le nationalisme l'emportent en définitive sur la volonté de faire émerger une Europe forte.

Le traité d'Union européenne, verrouillé par l'unanimité, n'est guère contraignant et, pourtant, les gouvernements ne

1. Eurobaromètre Flash 178, mars 2006.

2. Voir par exemple Carlo Altomonte, Mario Nava, *Economics and Policies of an Enlarged Europe*, Cheltenham, Edward Elgar Publishing, 2005, p. 187.

le respectent même pas[1] : en 2003, pendant l'affaire irakienne, des consultations auraient dû avoir lieu *avant* que les quatre États qui siégeaient alors au Conseil de sécurité ne prennent position. À la place, deux d'entre eux, la France et l'Allemagne, ont pris position, seuls contre les États-Unis ; en guise de réponse du berger à la bergère, les deux autres, l'Espagne et la Grande-Bretagne, ont entraîné plusieurs États membres à rédiger une réponse dans la presse, à l'appui des Américains. Sans même juger du fond de leur position, tous ont manqué à leurs engagements européens. Depuis, un rapprochement des diplomaties s'est opéré, la page est tournée, mais l'épisode a laissé aux citoyens européens, unis dans leur rejet de la guerre en Irak, un goût amer.

Pour juger des résultats de notre « PESC », il est bon d'écouter la voix des tiers et non celle des experts européens ou des diplomates, prompts à se délivrer des brevets de bonne conduite. L'entretien odieux du président iranien Ahmadinedjad avec le magazine allemand *Der Spiegel*[2] donne un bel exemple des limites de cette politique : il nie la Shoah, refuse à Israël le droit d'exister et réclame, pour son pays, l'arme atomique. Face à cet individu, offrons-nous un front uni ? Apparemment pas, aux dires de l'intéressé, puisqu'il n'emploie jamais les mots « Union européenne » ou « Europe », se bornant à évoquer « les États-Unis et ces

1. L'article 19.1 du traité d'Union européenne prévoit que « les États membres coordonnent leur action au sein des organisations internationales et lors des conférences internationales ». Quant aux États membres du Conseil de sécurité des Nations unies, l'article 19.2 prévoit qu'ils se concertent et tiennent les autres informés. La présidence est censée jouer son rôle de coordination prévu à l'article 18 du traité.

2. « Wir sind entschlossen », *Der Spiegel*, n° 22/2006, 29 mai 2006.

deux à trois États européens… ». Comment en serait-il autrement ? En Iran, les Européens se présentent en ordre dispersé, tantôt à trois (France, Allemagne, Grande-Bretagne), tantôt en la personne de Javier Solana, le Haut Représentant de l'Union européenne, dont nul ne sait vraiment au nom de qui il parle. Pas plus que le président iranien, l'opinion publique européenne ne sait « qui fait quoi ».

Certes, dans le dossier iranien, l'analyse des Européens a le mérite d'être convergente et les États-Unis s'y sont ralliés, mais la cohérence a tardé à venir : un temps précieux a été perdu jusqu'en 2005. Quant aux résultats de cette politique, ils sont difficiles à jauger. L'absence de débat public à un niveau européen ne facilite pas l'évaluation de ce « multilatéralisme qui se voulait efficace[1] ».

Ainsi, en 2006, cinquante ans après le traité de Rome, face à des atteintes contre les plus précieuses de nos valeurs, face à des enjeux de sécurité majeurs, nous persistons à ne pas exister. Naturellement, il n'est pas facile d'harmoniser des politiques étrangères longtemps rivales ; mais, si nous nous privons des moyens juridiques d'y parvenir, pouvons-nous déplorer l'échec ? Ce sont là larmes de crocodile. Soyons plus constructifs : l'expérience de la politique commerciale, où un commissaire représente l'Union sur mandat du Conseil, peut servir de modèle pour construire une diplomatie vraiment commune.

Le « témoignage » involontaire du président iranien n'est pas isolé ; il rejoint le sentiment de la plupart des

1. Voir Thérèse Delpech, *L'Iran, la bombe et la démission des nations*, Paris, Autrement/CERI, 2006.

correspondants de presse européens en poste à Washington ou à Pékin, qui racontent être toujours considérés comme des « Allemands », des « Anglais » ou des « Français », rarement comme des « Européens ». Qu'avons-nous fait pour qu'il en soit autrement ?

Près de quinze ans après la mise en place de la PESC, une conclusion s'impose : les résultats de la politique de petits pas qui, depuis des années, nous est vendue comme la construction progressive et pragmatique de « l'Europe » sont décevants. Au sein de l'Union européenne, les diplomates se comportent comme des coucous. Ils utilisent le nid européen pour donner l'illusion qu'ils « font l'Europe », mais ils se gardent bien d'employer la méthode communautaire. Ce sont toujours des œufs intergouvernementaux qu'ils couvent. Repliés derrière leurs « lignes rouges[1] », obsédés par les « intérêts nationaux », ils prennent le risque de mettre en péril nos intérêts supérieurs, en négligeant le long terme. Depuis des années, ils réclament du temps pour faire les choses en douceur. Leur rythme est celui du confort des administrations, des susceptibilités nationales, voire de la bureaucratie. Ce n'est pas celui de la mondialisation et des menaces qu'elle véhicule.

Dans ce domaine, comme dans d'autres, la France n'a guère montré d'entrain européen.

1. C'est ainsi que, en anglais notamment, on désigne le point au-delà duquel on bloquera la négociation.

## Chapitre V

# La responsabilité française

La France aime se voir comme le « moteur » de l'Europe. Elle y a souvent joué un rôle décisif. Et, de fait, c'est en France que la « perle » communautaire a été trouvée. Mais, à maintes reprises, le coq gaulois l'a détournée, freinant par là le mouvement d'intégration ; comme disait déjà Maurice Faure, « j'enrage de la voir jouer davantage le rôle de frein que d'accélérateur ».

Parmi les États membres, c'est sans doute la France qui entretient avec l'Europe la relation la plus compliquée. Certains archaïsmes, notamment la méfiance envers ce qui est « libéral », constituent pour les Français un sérieux handicap en Europe. C'est d'autant plus dommage que, malgré tous leurs défauts, les Français comptent dans leurs rangs quelques frondeurs qui savent encore lancer des idées utiles et dérangeantes.

## Le coq gaulois entre sa perle et son mil

### *L'invention de la perle*

Après la guerre, nombreux sont les Européens et les Américains qui rêvent d'une unification du continent. Ainsi que l'écrit Monnet, « quand on considère cette période [...], on est frappé par une extraordinaire effervescence intellectuelle autour de l'idée européenne[1] ». Churchill, Spinelli, Adenauer, De Gasperi ou Spaak ont joué un rôle éminent. Des personnalités moins connues, comme le Néerlandais Beyen ou le Luxembourgeois Bech, ont également contribué de manière décisive à la création du Marché commun. Ainsi, il serait présomptueux d'attribuer au seul « génie » national français l'idée de l'Europe unie.

Mais ce sont tout de même deux Français – Jean Monnet et Robert Schuman – qui sont passés à l'action. Le plan Schuman du 9 mai 1950 est présenté dans le salon de l'horloge, au Quai d'Orsay, à Paris. Monnet l'a préparé discrètement, avec sa petite équipe du Commissariat au Plan. Robert Schuman, ministre des Affaires étrangères, l'a porté avec une singulière audace : réduisant sa propre administration au silence, consultant Konrad Adenauer en secret, il se borne à évoquer la question au Conseil des ministres en des termes vagues pour ne pas attirer trop tôt l'attention sur son projet. L'Europe est née d'une douce conspiration.

1. Jean Monnet, *Mémoires*, *op. cit.*, p. 334.

Une poignée de Français atypiques, incroyablement résolus, a suffi.

Jean Monnet demeure par la suite, et jusqu'à sa mort, l'un des hommes les plus influents d'Europe, en particulier grâce à son Comité d'action pour les États-Unis d'Europe, dont nous aurons à reparler. Ses contacts avec les dirigeants étrangers, britanniques et américains notamment, donnent à l'idéal européen un immense rayonnement. Dans les années 1970, c'est Valéry Giscard d'Estaing qui jette les bases, avec Helmut Schmidt, du système monétaire européen. Une décennie plus tard, la contribution de Jacques Delors et de son principal collaborateur, Pascal Lamy, sera déterminante pour mettre en route le marché unique et l'euro ; lors de la chute du mur de Berlin, ils apportent à la RFA un soutien précieux sur la voie de l'unification. Parmi les présidents de la commission, Delors demeure toujours « la » référence. Au nom de l'Europe, le président français, François Mitterrand, soutient le chancelier Kohl dans l'affaire des euromissiles, contre l'avis des pacifistes ; en 1983, il choisit de rester dans le Système monétaire européen, même au prix d'une politique de rigueur, contre l'avis de la majorité de la gauche française. Ainsi, la contribution de la France à la construction européenne a été à plusieurs reprises de tout premier plan.

La France a cependant porté de rudes coups à l'Europe : c'est elle qui a provoqué la plupart des grandes crises qui ont jalonné l'histoire de l'intégration européenne. Souvent, elle joue un jeu ambigu.

*Le coq se rebiffe*

En 1954, le Parlement français ne ratifie pas le traité créant la Communauté européenne de défense, pourtant issu d'une initiative française, le « plan Pleven ». L'opposition virulente du général de Gaulle n'est guère surprenante. Moins explicable est l'attitude du président du Conseil, Pierre Mendès France, qui n'use pas de son autorité pour convaincre les parlementaires français. Tous les partenaires européens ont ratifié le texte, parfois avec peine, ainsi la Belgique. Jusqu'au dernier moment, ils cherchent des aménagements pour faciliter la ratification à Paris, mais le gouvernement français jette l'éponge. Pour Paul-Henri Spaak comme pour nombre d'Européens convaincus, la défection française laissera des traces durables[1].

Lors de la négociation du traité de Rome, en 1956, la France est, de loin, le partenaire le plus récalcitrant. Quand Robert Marjolin retrace les réactions au rapport Spaak, en 1956, nous croyons entendre le débat référendaire de 2005 : « La France ne pourrait pas aborder la concurrence à armes égales. [...] Avant d'abaisser et éventuellement de faire disparaître les barrières douanières, il était donc nécessaire d'égaliser les conditions de concurrence. Cette égalisation ne pouvait avoir lieu que par le haut ; il appartenait ainsi à nos partenaires de prendre des mesures qui alourdiraient leurs prix de revient. À quoi il faut ajouter que, dans

1. Voir notamment Paul-Henri Spaak, *Combats inachevés*, t. I, *De l'indépendance à l'alliance*, Paris, Fayard, 1969, p. 270 *sq*.

l'esprit de beaucoup de fonctionnaires, l'égalisation des charges sociales n'était qu'un début ; suivrait l'égalisation des salaires et autres coûts de production[1]. » Il ajoute, soulignant, là encore, une constante chez les Français : « La France était persuadée que sa législation sociale était considérablement en avance sur celle des autres pays[2]. »

Selon Marjolin, « la liste des revendications françaises était interminable[3] ». Seul le talent d'une poignée d'hommes engagés, de Maurice Faure à Guy Mollet en passant par Robert Marjolin, permet de franchir l'obstacle. Un instant, même Jean Monnet vacille : il doute de l'utilité du Marché commun et mise sur Euratom[4]. Sous la pression des Allemands, il se ravise, heureusement. La ratification intervient de justesse avant la fin de la IV<sup>e</sup> République. Maurice Faure reconnaît que « la France manifesta, d'emblée, de grandes difficultés à accepter la nouvelle règle du jeu[5] ».

## *La tentation du mil*

C'est surtout l'arrivée du général de Gaulle qui va sérieusement compliquer les relations entre la CEE et la France. Le début, de 1958 à 1962, est pourtant harmonieux. En assainissant la situation monétaire et économique, en

1. Robert Marjolin, *Le Travail d'une vie*, *op. cit.*, p. 284.
2. *Ibid.*, p. 297. Les Français vont par exemple se battre pour « préserver »... l'égalité de salaires entre hommes et femmes.
3. *Ibid.*, p. 286.
4. *Ibid.*, p. 296.
5. Christian Delacampagne, Maurice Faure, *D'une République à l'autre*, *op. cit.*, p. 65.

apportant la stabilité politique, le général commence par faciliter les débuts du Marché commun. Il utilise la libéralisation communautaire pour moderniser le pays. Grâce à lui, une politique agricole commune complète la libre circulation des biens industriels. Mais la manière dont il défend les intérêts agricoles français n'a plus grand-chose à voir avec l'esprit communautaire ; le « donnant-donnant » que Monnet voulait éviter revient en force[1]. Des années durant, la France va privilégier une conception intéressée de l'Europe, centrée sur la PAC et ses avantages immédiats. Le coq a trouvé son grain de mil.

## *Cavalier seul*

La tentative du général, en 1962, *via* le plan Fouchet, de promouvoir l'« Europe des États » se heurte au refus des Belges et des Néerlandais. Les « petits » partenaires ne veulent pas créer une entité rivale de la CEE. Dans les écrits de Spaak, le ton change. Qualifiant le plan Fouchet d'« affreux petit avorton européen »[2], il heurte de front le chef de l'État français.

La posture anti-américaine du président français, qui s'exacerbe début 1963, rebute nos partenaires. Lorsque l'Angleterre accepte de mettre son arsenal nucléaire au service de l'Alliance atlantique, le général, furieux de ce qu'il considère

1. Bino Olivi, *L'Europe difficile*, Paris, Gallimard, « Folio », 2001, p. 111 *sq*.

2. Paul-Henri Spaak, discours à la Chambre des représentants, 28 février 1962, *PEA*, *op. cit.*, p. 843.

être une trahison britannique, interrompt brutalement les discussions d'adhésion avec ce pays. Nous avons déjà évoqué la conférence de presse par laquelle il annonce la fin de l'exercice, sans avoir informé ses partenaires, le 14 janvier 1963. Comme souvent dans les crises provoquées par la France, le ton pose autant problème que le fond.

Juridiquement, de Gaulle a tout à fait le droit de se retirer de discussions exigeant un accord unanime des parties. La question nucléaire est d'importance et sa clairvoyance n'est pas contestable[1]. Mais la brutalité inouïe de ses propos blesse profondément nos partenaires.

Paul-Henri Spaak déclare devant le Sénat belge : « J'estime qu'il ne faut jamais humilier ses ennemis mais il ne faut jamais non plus humilier ses amis. Bien sûr, on peut triompher par des méthodes de force, par des sortes de diktats ou d'ultimatums. On peut triompher une fois, deux fois, et puis tout d'un coup la révolte éclate et le désastre arrive. Si les cinq autres pays de la Communauté, conscients de leur bon droit, doivent céder devant ce qu'ils estiment être une espèce de coup de force diplomatique, basé sur des faits irréels, il n'y aura plus d'esprit communautaire. »

L'idée de « faire équilibre à la France » – ou à la France et à l'Allemagne – ressurgit soudain, même si l'Europe communautaire devait être sacrifiée ! Pour un homme aussi engagé que Paul-Henri Spaak, le renoncement est déchirant. Ce revirement a souvent été qualifié de paradoxal ; il a même été tourné en dérision. Mais il est compréhensible

1. La plupart des points qu'il a évoqués en janvier 1963 seront des sujets litigieux avec la Grande-Bretagne par la suite : PAC, budget, relations avec les États-Unis.

tant l'humiliation, venue sans préavis, a réveillé chez nos partenaires des peurs enfouies. Ils craignent que l'esprit du congrès de Vienne de 1815 remplace celui de la déclaration Schuman. Le Bundestag allemand ajoute unilatéralement un préambule « atlantiste » au traité bilatéral signé à l'Élysée le 22 janvier 1963, réduisant la portée de l'engagement pris par la RFA[1]. La crise de 1962-1963 rappelle une évidence : créer la confiance exige des efforts patients ; pour la détruire, un seul affront suffit. Et la méthode communautaire est incompatible avec les éclats autoritaires.

En 1965, une nouvelle crise grave est causée par la France. En ordonnant aux représentants français de quitter le Conseil des ministres (laissant ainsi la « chaise vide »), le général se met en marge des traités. Walter Hallstein a certes cherché à provoquer : en utilisant les questions agricoles comme élément de pression, il a tenté de forcer la main du général sur le financement, bafouant ainsi le principe de confiance communautaire. Mais le général saute sur le prétexte pour empêcher le passage au vote majoritaire auquel la France s'est pourtant engagée dans le traité de Rome. Une longue période de stagnation suivra cet épisode funeste.

## *Rechutes ou maladie chronique ?*

Au début des années 1990, les résultats des négociations de Maastricht, notamment en matière sociale ou d'action externe, sont décevants, bien que Jacques Delors, alors

1. Ce texte a été inspiré par Monnet, *via* son Comité d'action ; Monnet envoie ainsi au général de Gaulle la réponse du berger à la bergère...

président de la Commission, se soit engagé personnellement. Les Anglais sont souvent accusés d'être les *bad guys*, les mauvais Européens, mais les autorités françaises ont une grande part de responsabilité dans la dérive européenne actuelle.

Jacques Delors avoue lui-même avoir « sous-estimé à l'époque la possibilité d'un arrangement entre la France et la Grande-Bretagne sur la philosophie des piliers[1] » (une Union composée d'une communauté fidèle aux principes des fondateurs pour l'économie, à laquelle s'ajoute une coopération intergouvernementale pour la politique étrangère, la justice et la sécurité).

C'est en effet à Paris qu'est imaginée cette structure baroque, non sans arrière-pensées souverainistes. Le but est de mettre certaines matières – notamment la sacro-sainte politique étrangère (deuxième pilier) et la justice et les affaires intérieures (troisième pilier) – à l'abri de la méthode communautaire. Car le « moteur » français de l'Europe est singulièrement bridé : pas plus qu'à Londres, les cercles de pouvoir parisiens ne sont vraiment acquis aux idées communautaires.

À propos de François Mitterrand lui-même, dont l'engagement européen est pourtant ancien et incontestable, Jacques Delors dit : « J'ai tout lieu de croire qu'il était satisfait de mon action à la Commission. Mais cela ne l'empêchait pas de se méfier de l'institution, ce qui, je le répète, est la caractéristique constante de la diplomatie française[2]. » Valéry Giscard d'Estaing, autre grand Européen, n'a pas

1. Jacques Delors, *Mémoires, op. cit.*, p. 359.
2. *Ibid.*, p. 378.

caché ses réticences envers la Commission lorsqu'il était président de la Convention européenne.

En 1994, Wolfgang Schäuble et Karl Lamers, deux députés allemands CDU, proches du chancelier Kohl, proposent de créer un « noyau dur » autour de l'euro regroupant la France, l'Allemagne et Benelux[1]. Cette première analyse lucide des conséquences d'un élargissement qui modifie la nature intrinsèque de l'UE ne suscite, en France, qu'une aimable fin de non-recevoir. Edouard Balladur, alors Premier ministre, dit préférer une logique de « cercles concentriques[2] » et les choses en restent là.

La réponse d'Edouard Balladur reflète particulièrement bien les ambiguïtés françaises, récurrentes, sur l'Europe « politique ». S'il souhaite une Europe forte, c'est notamment parce que « l'organisation de l'Europe est pour la France un élément supplémentaire de force et d'influence ». S'il voit le danger « d'affadissement, de relâchement » que porte en lui l'élargissement, il rejette toute évolution vers un « système fédéral », entre autres parce qu'il exclut catégoriquement l'extension du vote majoritaire. Prenant un exemple extrême, il précise ne pas vouloir que d'autres imposent à la France « l'envoi de ses soldats, à la majorité, sur un théâtre d'opérations extérieures » ; ce recours à des hypothèses qui ne sont pas à l'ordre du jour est tout à fait symptomatique. Pour Edouard Balladur, le fédéralisme n'est « pas un système efficace » de décision. Une fois de

1. CDU-CSU Fraktion, « Réflexions sur la politique européenne », 1er septembre 1994.

2. Edouard Balladur, « Pour un nouveau traité de l'Élysée », *Le Monde*, 30 novembre 1994.

plus, le mot « fédéral » sert d'épouvantail pour clore la discussion.

Selon *Le Robert*, le fédéralisme est un « système politique dans lequel le gouvernement central d'un État (gouvernement fédéral) partage avec les gouvernements des collectivités qui forment cet État les diverses compétences constitutionnelles ». Même lorsqu'il s'agit du fédéralisme, les Français partent du centre ! Pour le *Duden* allemand, le fédéralisme est l'« effort tendant à l'édification ou au maintien d'un État fédéral, avec une autonomie étendue des entités fédérées[1] ». Depuis des décennies, nous avons avec les Allemands un dialogue de sourds parce que nous employons des mots qui n'ont pas le même sens pour les uns et pour les autres.

Karl Lamers et Wolfgang Schäuble ont assurément commis une erreur tactique en prônant une vision fédérale très germanique, sans grande considération pour les traditions et les réticences françaises – Karl Lamers le reconnaît aujourd'hui volontiers. Mais les Allemands possèdent l'expérience d'un mode d'organisation politique à plusieurs niveaux ; aussi perçoivent-ils mieux que les Français le besoin d'organisation, de répartition des compétences, de légitimation démocratique de l'ensemble. Peut-être la « solution allemande » n'est-elle pas la bonne mais les Français n'ont jamais pris la peine de donner la leur.

Au pays de Descartes, le discours de la méthode, on l'a vu, fait défaut. De cet épisode de 1994, l'Europe a retenu – à raison – que les Français n'ont rien voulu tenter. Lorsqu'il

1. Traduction de l'auteur.

s'est agi d'accélérer l'intégration, quand il en était encore temps, avant le grand « big bang » de l'élargissement, les Français ont dit non aux Allemands. Comme pour Zerlina dans le *Don Giovanni* de Mozart, la France et l'Europe, c'est « *vorrei e non vorrei*[1] », ce sont les avances et les reculades, le flirt et la fuite.

En mai 2000, le grand discours de Joschka Fischer à l'université Humboldt de Berlin suscite autant d'enthousiasme dans le grand public que de réserves au Quai d'Orsay. Le ministre du parti Vert a pourtant fait l'effort, plus que Lamers et Schäuble, de s'adapter à ses interlocuteurs français en reprenant notamment à son compte le concept de « fédération d'États nations » de Jacques Delors. Sur certains points, son discours est ambigu mais il a le mérite de prendre de la hauteur. Encore une fois, un responsable allemand soulève la question de la finalité européenne après l'élargissement, encore une fois, les Français restent évasifs[2]. Les autorités parisiennes évoquent le prétexte de la future présidence française (à partir du 1er juillet) pour s'épargner de répondre. Au Bundestag, le président Chirac reprend à son compte l'idée d'une Constitution européenne, mais prône la mise en place de groupes pionniers dignes du « plan Fouchet » gaulliste de 1962. Pour les observateurs, les responsables de l'époque (notamment Lionel Jospin, Hubert Védrine et Pierre Moscovici) sont des « euroréalistes » dont il ne fallait pas attendre autre chose[3].

1. *Don Giovanni*, acte I, scène IX.
2. Voir notamment Hubert Védrine, « Réponse à Joschka Fischer », *Le Monde*, 11 et 12 juin 2000, qui reflète bien la position défensive française.
3. Yves Clarisse, Jean Quatremer, *Les Maîtres de l'Europe*, *op. cit.*

Pourtant, l'adhésion des pays d'Europe centrale et orientale se rapproche sans que l'Union européenne ait été réformée. Les mêmes autorités de cohabitation qui ne répondent pas aux Allemands viennent de reconnaître à la Turquie le statut de candidat. L'Europe glisse vers l'incohérence avec la bénédiction des autorités françaises de toutes tendances. Quarante-cinq ans après le traité de Rome, les « élites » françaises en sont au même point. Au Conseil européen de Nice, en décembre 2000, l'absence de positions communes franco-allemandes, pour la première fois, à un moment clé de la construction communautaire, mènera dans le mur. Le scénario de l'échec était écrit d'avance [1]. Encore une belle occasion manquée.

Et, en 2005, les hésitations traditionnelles des pro-Européens français trouvent leur aboutissement dans le désastre référendaire.

À force d'aimer l'Europe mais pas la Commission, de la rêver puissante mais de la brider, d'invoquer l'amitié avec l'Allemagne tout en redoutant à la fois son unification et son fédéralisme, à force de contradictions et d'incohérence, de supériorité affichée et de complexes inavoués, notre pays, retombé dans le poujadisme, s'est laissé griser par une sorte d'« ivresse du bras d'honneur ». La coalition du « non », hétéroclite, n'offre pas d'alternative, mais le camp du « oui » porte une responsabilité immense : à force de défendre l'Europe du bout des lèvres, depuis des années, il n'a pas convaincu.

1. Jean-Louis Bianco, Sylvie Goulard, Alfred Grosser, « Comment la France doit répondre à Joschka Fischer », *Le Figaro*, 9 juin 2000.

Avant de concevoir une relance du projet européen, les Français doivent avoir conscience de ce qu'ils ont été depuis les débuts de l'aventure européenne : parfois de formidables « inspirateurs », créatifs, inventant une méthode révolutionnaire, des meneurs engagés ; à plusieurs reprises, des lâcheurs, intéressés, arrogants, violant les principes que le génie propre des meilleurs de leurs compatriotes a légués à l'Europe.

Nos partenaires sont bienveillants mais pas dupes. Un jeune député européen finlandais, Alexander Stubb, partisan du « oui », a écrit pendant la campagne référendaire dans un quotidien français : « La France aime et déteste l'UE, et les autres pays membres de l'UE aiment et détestent la France.[1] » Nos frasques pourraient bien finir par lasser.

## Des handicaps hors d'âge

Depuis la chute du mur de Berlin, les responsables français n'ont pas accompli leur *aggiornamento.* Certes, la position de la France dans la CEE était plus confortable ; certes notre rôle était plus central ; certes, dans cette Europe-là, on parlait français. Pour leur rédemption, pour l'accès de leurs biens à nos marchés, pour nous faire plaisir, les Allemands payaient.

Mais ces temps sont révolus et c'est bien ainsi : à l'Est, la liberté a triomphé, la famille européenne est réunie. Murs et miradors ont disparu du continent. La variété de cultures et

1. Alexander Stubb, « L'Union européenne a besoin de la France », *Le Figaro*, 8 avril 2005.

d'origines dans l'Europe à vingt-sept a un charme fou. En dépit des difficultés liées à l'hétérogénéité, le défi de l'unité est exaltant. Dans ce paysage dynamique, la France pourrait jouer un rôle majeur.

Pourtant, elle reste à la traîne, paralysée par des archaïsmes d'un autre âge. Mais il serait temps de s'en débarrasser car la plupart remontent à... l'Ancien Régime ! L'analyse du « non » au référendum, en 2005, à la lumière des écrits de Tocqueville, notamment de *L'Ancien Régime et la Révolution*, le montre bien. Sans entrer ici dans les détails d'une telle étude[1], citons le faible goût de ce pays pour la liberté, que reflète, entre autres, son protectionnisme, et la répugnance des Français pour les jeux collectifs.

## *Liberté ? – Égalité*

Au fronton des mairies et des écoles de France, la devise « liberté-égalité-fraternité » s'affiche toujours fièrement mais la relation des Français à la liberté n'est pas si naturelle qu'il y paraît. Lorsque Tocqueville décrit ce qu'il appelle « les deux passions principales » de la France, il place en premier la « plus profonde et venant de plus loin, la haine violente et inextinguible de l'inégalité » ; c'est seulement ensuite qu'il parle de celle qui, « plus récente et moins enracinée », portait les Français à vivre « non seulement égaux mais libres »[2].

1. Sylvie Goulard, « Union européenne : les racines de la crise. Les leçons de Tocqueville », *Politique internationale*, n° 109, automne 2005.

2. Alexis de Tocqueville, *L'Ancien Régime et la Révolution*, *Œuvres*, t. III, Paris, Gallimard, « Bibliothèque de la Pléiade », 2004, p. 228.

Durant la campagne référendaire, les Français ont essentiellement contesté les articles qui étaient repris – parfois mot à mot – des textes existants, notamment du traité de Rome de 1957. Ainsi, les Français ont malheureusement rejeté le principe de liberté sur lequel se fonde toute la construction communautaire.

La première phrase du « Manifesto ventotene » rédigé par Altiero Spinelli et ses compagnons de captivité proclame en effet : « La civilisation moderne a choisi comme fondement le principe de la liberté, en vertu duquel l'homme ne doit pas être simplement un instrument d'autrui mais un centre autonome de vie. » Pour Monnet aussi, la liberté était primordiale.

Au cœur du traité de Rome se trouve ce qu'on appelle dans le jargon les « quatre libertés » : libre circulation des marchandises, des personnes, des services et des capitaux. Et cette liberté nous fait du bien. Pour la France, mais aussi pour l'Italie et, quoique dans une mesure moindre, pour la RFA et le Benelux, le traité de Rome était vraiment audacieux ! Alors qu'en ce temps-là l'économie était encore dirigée par les autorités publiques, entravée par des contrôles des changes et des prix, les Six ont opté pour la liberté.

Maurice Faure explique l'ampleur de l'innovation : « Pour comprendre l'importance historique du traité de Rome, il faut se rappeler que la France vivait, depuis l'époque de Colbert, en économie dirigée. Le gouvernement orientait l'économie nationale. L'État était le "gestionnaire" des principales entreprises françaises. Le traité de Rome cassa cet ordre séculaire. Il instaura entre les six pays qui le signèrent, et ceux par la suite qui nous rejoignirent, un régime tout différent, un régime de communauté[1]. »

Se proclamer « bon européen » et antilibéral est une contradiction en soi. Les critiques extravagantes des partisans du « non » contre la « concurrence libre et non faussée » ou la libre circulation de la main-d'œuvre, personnifiée par le malheureux « plombier polonais » ont révélé que les Français ne voient pas assez dans la liberté – liberté d'entreprendre, de travailler, d'aller et venir – une valeur positive.

Naturellement, l'économie de marché n'est pas, en tant que telle, le meilleur des mondes possibles ; la directive Bolkestein était maladroite et dangereuse. Des garde-fous sont nécessaires pour préserver la solidarité, la redistribution indispensables. Et il n'est pas de liberté sans règles. Mais telle était justement la raison d'être de la CEE : créer un marché *régulé*, écarter la loi de la jungle qui permet aux forts de croquer les faibles. Walter Hallstein fait bien la nuance : « Le traité de Rome est fondé sur la conception d'un ordre économique relevant de l'économie de marché. Un tel ordre libéral, au sens moderne du mot, n'exclut pas l'intervention de l'État sous la forme d'un ordre cadre qui, à la fois, garantit et rend obligatoire la liberté de décision de chaque participant à l'économie[2] . »

Dans l'œuvre de Monnet ou de Spaak, nous ne trouvons pas de traces d'une volonté de démanteler les garanties sociales, bien au contraire. Spaak définissait la « supériorité

1. Christian Delacampagne, Maurice Faure, *D'une République à l'autre*, *op. cit.*, p. 58.
2. Walter Hallstein, *L'Europe inachevée*, Paris, Robert Laffont, 1970, p. 127.

de l'éthique de l'Occident » en ces termes : « la combinaison de notre système politique démocratique avec un capitalisme dirigé et social »[1]. Et Monnet a passé sa vie, à partir de 1955, à impliquer les syndicats dans la construction communautaire. Robert Marjolin était issu d'une famille extrêmement modeste ; autodidacte, ancien du cabinet de Léon Blum à l'époque du Front populaire en 1936, voilà qui était le premier commissaire français ! Ce n'était pas franchement un croquemitaine ultralibéral mais il avait appris aux États-Unis les vertus de la liberté. Quant à Adenauer, Schuman ou De Gasperi, ils étaient pétris de la doctrine sociale de l'église catholique telle qu'elle avait été développée depuis l'encyclique *Rerum novarum* de 1891.

À Messine, lors de la conférence déclenchant les travaux qui ont conduit au traité de Rome, les six gouvernements déterminent ainsi leur objectif : « Les six gouvernements [...] estiment qu'il faut poursuivre l'établissement d'une Europe unie par le développement d'institutions communes, la fusion progressive des économies nationales, la création d'un marché commun et l'harmonisation progressive de leurs politiques sociales[2]. »

L'histoire de l'intégration, notamment sous l'impulsion de Jacques Delors, est celle d'une plus grande prise en compte des enjeux sociaux et d'une meilleure reconnaissance du rôle des syndicats, notamment de la Confédération européenne des syndicats.

1. Paul-Henri Spaak, « Ce que je crois », entretien publié dans la revue de Hambourg *Kristall*, 1958, *PEA*, *op. cit.*, p. 666.

2. *Id.*, *Combats inachevés*, t. II, *De l'espoir aux déceptions*, Paris, Fayard, 1969, p. 67.

Si l'Union actuelle s'éloigne de cette tradition, il faut s'interroger en effet. L'arrêt de certains chantiers, comme celui de l'harmonisation fiscale ou de la convergence sociale, se fait sentir ; avec l'élargissement, la question sociale a pris une nouvelle acuité. Une nouvelle réflexion est nécessaire mais nous convaincrons mieux nos partenaires en apportant des arguments pondérés, en retrouvant le sens de l'initiative intellectuelle plutôt qu'en caricaturant le libéralisme. Le camp du « non » n'a pas été capable de fédérer la moindre initiative de grande ampleur ou d'infléchir vraiment les positions de la Commission. En affaiblissant la position de la France, il a plutôt compliqué la tâche de ceux qui y travaillent. Le commentaire de *The Economist* cité au début de cet ouvrage en dit long sur l'interprétation que donnent les tiers du vote français. Le regard extérieur révèle mieux la gravité de la situation. Il est bon, à cet égard, de ne pas s'en tenir aux brevets d'autosatisfaction des intéressés.

Les réticences françaises s'expliquent notamment, on l'a dit, par le traumatisme vécu sous l'Ancien Régime et dont, plus de deux cents ans après la Révolution, les Français n'ont su se défaire. Reprenant une expression de Chateaubriand, François Furet évoque, à propos de la France, « l'histoire tragique d'une nation affolée d'égalité[1] ». En 2006, la France demeure toujours une nation « affolée d'égalité », peu éprise de liberté. Mais ce n'est pas une raison pour s'y résigner *ad vitam aeternam*. Il appartient

1. François Furet, « Introduction », in Alexis de Tocqueville, *L'Ancien Régime et la Révolution*, *op. cit.*, p. XI.

aux gouvernants français, aux « élites », sur ce point aussi, de conduire le pays à la modernité au lieu de céder à la démagogie en encourageant les archaïsmes.

La comparaison internationale permet de mieux prendre conscience de l'ampleur de notre isolement. Ainsi, l'analyse récente de l'institut GlobalScan pour l'université du Maryland, dont *Le Figaro* a publié quelques extraits[1], montre, de manière édifiante, l'isolement de la France dans le monde ; à la question « le système de libre entreprise et de l'économie de marché est-il le meilleur pour l'avenir ? », seuls 36 % des Français répondent positivement contre 65 % des Allemands, 63 % des Polonais ou des Espagnols, 67 % des Britanniques, 71 % des Américains. Dans les pays émergents (Chine, Philippines, Corée, Inde, Indonésie), le soutien est encore plus élevé. Cette étude n'est pas passée inaperçue ; des partenaires de la France s'en émeuvent, comme l'ancien commissaire italien Mario Monti. Dans le même journal[2], il a brillamment défendu la cause de la libre entreprise, en tentant de rappeler que l'économie de marché n'est pas, à l'origine, « anglo-saxonne » : « L'Allemagne et la France devraient se demander si l'économie de marché est bien un produit – un cauchemar ? – anglo-saxon. En la matière, Allemands et Français oublient l'histoire [...]. Ce fut en réalité l'Allemagne, aidée par la France, qui imprima dans la construction européenne, à

1. Pierre-Yves Dugue, « Les Français, seuls à rejeter le capitalisme », *Le Figaro-Économie*, 25 mars 2006 ; voir aussi « Les Français allergiques au capitalisme », *Le Nouvel Observateur*, n° 2171, 15 juin 2006.

2. Christian Delacampagne, Mario Monti, « Oui, la France peut guérir de sa phobie antilibérale », *Le Figaro*, 12 mai 2006.

l'instant même de sa naissance, une forte orientation de marché. Ludwig Erhard fut le premier à appliquer dans l'Allemagne des années 1950 les principes de l'École de Fribourg sur l'"économie sociale de marché", fondée sur les principes du marché et de la concurrence. »

## *Colbert serait-il encore vivant ?*

Cette libéralisation de l'économie a apporté à la France une période d'expansion économique comme elle en a peu connu. Il est triste que les Français n'aient jamais mesuré ce qu'ils doivent au traité de Rome. Maurice Faure confirme l'absence de « pédagogie » lors de sa signature ; pour lui, les Six « rompaient, de toute évidence, avec le protectionnisme cher à l'avant-guerre, pour avancer dans la voie du libéralisme ou tout au moins, du libre marché mais cela ne fut pas proclamé bruyamment [...]. Heureusement c'était un socialiste qui présidait le gouvernement et qui avait fixé la ligne à suivre. Du coup, les socialistes qui avaient beaucoup critiqué la CED, n'osèrent rien dire contre le traité de Rome[1] ». Et les bénéfices de la libéralisation entamée par la défunte IV$^{e}$ ont été empochés par la V$^{e}$. Sans l'assainissement gaulliste, la France aurait probablement dû faire jouer les clauses de sauvegarde du traité de Rome, mais, sans le traité de Rome, la relance de l'économie orchestrée par les gaullistes aurait sans doute été moins rapide. Cette

1. Christian Delacampagne, Maurice Faure, *D'une République à l'autre*, *op. cit.*, p. 65.

complémentarité féconde, inespérée, a fait passer à la trappe les mérites propres du traité.

Pendant des décennies, la France, résolument engagée dans le Marché commun, dans la globalisation, a cru pouvoir continuer à être colbertiste. Les difficultés économiques ont créé des crispations ; aujourd'hui, nombre de Français – de gauche comme de droite – ont délaissé le bel idéal de la liberté.

Ce phénomène s'explique aussi par le fait que la France a beaucoup bénéficié de la politique agricole commune (PAC), politique européenne atypique, d'essence dirigiste. L'absence de débat, en France, sur cette politique a eu des conséquences désastreuses : le fait de toujours privilégier la PAC par rapport à toute autre considération, dans le non-dit le plus absolu, avec des images guerrières de marathons agricoles gagnés et de combats contre nos partenaires, nous a beaucoup nui. Une partie de la perte d'influence de la France à Bruxelles découle de ce choix jamais discuté. Pour la PAC, les autorités françaises ont souvent « grillé toutes nos cartouches ». Non que les détracteurs de la PAC aient raison : l'Europe a besoin d'une agriculture qui assure son indépendance alimentaire, qui fortifie le secteur agroalimentaire et veille à préserver les paysages et l'environnement. Mais, pour reprendre l'image de la fable, courir après le grain de mil au détriment de la perle reste un choix hasardeux.

Quinze ans après la chute du mur de Berlin, la France semble toujours en deuil du dirigisme économique ; certains combats d'arrière-garde révèlent une étrange nostalgie qu'elle ne doit guère partager qu'avec le Belarus et Cuba.

Lorsque Raymond Aron publie, en 1977, son *Plaidoyer pour l'Europe décadente*, dans lequel il montre la supériorité des démocraties occidentales libérales sur les régimes communistes, sans doute n'a-t-il jamais imaginé, dans ses pires cauchemars, que la nostalgie survivrait si longtemps en France à la faillite de l'URSS. À gauche, les trotskistes et autres antimondialistes prospèrent dans des postures intenables ; Laurent Fabius, qui a porté sur les fonts baptismaux l'Acte unique, le plus libéral de tous les traités communautaires, tient désormais des propos sans nuances.

Même « à droite », les défenseurs du libéralisme sont rares. Les chefs des plus grandes entreprises sont en général passés par la fonction publique. Jacques Chirac – qui était aussi libéral que Laurent Fabius en 1986 – est devenu sensible aux thèses d'Attac. Il est exceptionnel que des hommes politiques aient le courage de défendre publiquement les vertus libérales, le jeu de la concurrence, la libre entreprise, la liberté de créer, d'aller et venir.

## *Un État de droit malmené*

Le rapport des Français à l'État de droit s'en ressent : s'ils accordaient un peu plus de valeur à la liberté, il serait impensable que des petits groupes d'individus bloquent des universités dans lesquelles une majorité d'étudiants souhaitent travailler, qu'une poignée d'agriculteurs s'arrogent le droit d'arrêter la circulation sur les autoroutes sans être inquiétés ou que des élus hostiles à la réintroduction des ours dans les Pyrénées saccagent une mairie. Ces méthodes sont trop rarement dénoncées pour ce qu'elles sont : d'insupportables atteintes à la liberté. Que la lutte sociale soit parfaitement légitime et même parfaitement nécessaire n'autorise pas à porter atteinte à la liberté d'autrui. Il est vrai que les autorités françaises pratiquent rarement la concertation en temps voulu, ce qui entretient le goût gaulois pour les revendications violentes, les vociférations dans les rues et autres formes rudimentaires de dialogue.

Le caractère monarchique de la Ve République, la faiblesse des syndicats et de la société civile trahissent toujours la même difficulté à élaborer des échelons intermédiaires entre l'État et l'individu. Et le problème est d'autant plus grave que le régime présidentiel gaullien, dans lequel le président entretenait – au moins – un lien direct avec le peuple, n'est plus, depuis les cohabitations et le 29 mai 2005, qu'un lointain souvenir. La France est la seule démocratie occidentale dont les dirigeants rendent si peu de comptes : le Parlement est impotent, le peuple impuissant. Cette particularité – dont nombre de nos concitoyens ne mesurent pas la singularité – nuit à son influence et à sa place en Europe.

Comme Monnet le remarquait, « il faut que l'autorité soit bien établie pour déléguer la souveraineté[1] ». Dans le pays de la Déclaration des droits de l'homme et du citoyen, la liberté tend à devenir rhétorique, la démocratie théorique, l'autorité s'est délitée. Les Français devraient se préoccuper de réformer leurs institutions, non seulement pour eux, mais aussi pour participer activement à l'Europe.

1. Jean Monnet, *Mémoires, op. cit.*, p. 503.

## *Une diplomatie méfiante envers la liberté*

La même méfiance envers la liberté transparaît dans l'action diplomatique de la France : par le passé, les dirigeants français, le général de Gaulle le premier, ont souvent donné l'impression qu'ils refusaient de faire une différence entre les États-Unis et l'URSS. Historiquement, cette attitude a constitué l'un de nos principaux handicaps en Europe.

Robert Marjolin, qui a livré l'analyse la plus objective de l'action du général de Gaulle en matière européenne, rendant hommage à sa politique communautaire des débuts, l'ayant défendu en 1965 contre Hallstein, souligne bien le malaise que suscitaient les positions anti-américaines du chef de l'État français. Marjolin critique tout particulièrement la volonté gaulliste de placer l'Europe entre les deux blocs, américain et soviétique : « Ce que je ne peux admettre, c'est qu'on paraisse mettre sur le même plan la Russie soviétique, le régime totalitaire le plus absolu que le monde ait jamais connu et les États-Unis qui ont un régime démocratique comparable au nôtre. [...] Pour nos partenaires de la CEE, le mouvement vers l'unification de l'Europe et le maintien d'une alliance étroite et amicale avec les États-Unis, étaient non seulement compatibles mais complémentaires[1]. »

Paul-Henri Spaak rejette, lui aussi, l'idée que les Européens puissent envisager de « contracter d'un côté ou bien de l'autre les alliances nécessaires ». C'était à ses yeux une

1. Robert Marjolin, *Le Travail d'une vie*, *op. cit.*, p. 259.

manière intolérable de dédouaner le régime responsable du goulag.

Cette distance que les Français ont prise vis-à-vis de la liberté explique aussi les atermoiements de la grande majorité des « élites » françaises à la fin de l'année 1989, lors de la chute du mur de Berlin, et, de manière plus générale, leur tiédeur face à l'élargissement à l'Est. Le président Mitterrand « dédaigne » (*sic*) de faire un grand discours sur l'Allemagne en 1989[1]. Durant l'été 1991, il soutient encore le pouvoir communiste russe contre les « rebelles » qui feront finalement advenir la démocratie au Kremlin. Dans ces deux occasions, la victoire de la liberté n'a pas été célébrée par les Français comme elle aurait dû l'être. Et Yalta hante encore et toujours bien des esprits à Paris[2]. La France est le seul pays d'Europe où, le 1er mai 2004, l'arrivée dans l'UE de huit démocraties rescapées du communisme n'a pas été fêtée ! Cet « oubli » en dit long.

Ce comportement choquait déjà, à juste titre, les partenaires de la France dans les années 1960, comme nous l'avons rappelé. Il isole encore plus la France dans une Union élargie où nombre de nos partenaires ont personnellement enduré le totalitarisme communiste. Inutile d'aller jusqu'aux pays baltes pour le sentir : Angela Merkel, la chancelière allemande, a grandi en RDA, sous le contrôle de la police secrète, la Stasi. Dans son magnifique discours d'investiture, largement passé

1. François Mitterrand, *De l'Allemagne, de la France*, Paris, Odile Jacob, 1996.

2. Pour plus de détails, Sylvie Goulard, « En finir avec Yalta », *Carnets du Centre d'analyse et de prévision du ministère des Affaires étrangères*, n° 2, 2006.

inaperçu en France, elle appelle à donner la priorité à la liberté : « *mehr Freiheit wagen*[1] » (« oser plus de liberté »). M^me^ Merkel n'est pas née dans la « patrie des droits de l'homme », mais elle sait de quoi elle parle.

Le pire, c'est que les Français ne se rendent peut-être même plus compte de la distance qu'ils ont prise vis-à-vis de la liberté, sur les plans à la fois économique et politique. Et, du coup, ils comprennent mal que des Britanniques soient tellement attachés à leur démocratie, profondément libérale, que des Néerlandais soient si favorables à la liberté du commerce ou que des Hongrois, des Polonais ou des Baltes, à peine libérés du communisme, soient fascinés par les États-Unis.

Lorsque le mal est si profondément enraciné, il ne suffit pas d'organiser des « débats » sans enjeu pour l'extirper. C'est à l'occasion des élections présidentielles que les candidats doivent révéler leur vision de la société française, dans une perspective européenne. Pour être à l'aise en Europe et dans le monde, la France doit, elle aussi, se réapproprier ce beau principe de liberté dont elle n'a rien à craindre.

### *L'Europe, un jeu collectif*

Outre l'acceptation du principe de liberté, la méthode communautaire requiert une grande aptitude au jeu collectif. Or les Français aiment bien « jouer perso ». L'Éducation nationale fabrique des individus brillants, à l'esprit synthétique, cartésiens mais peu rompus aux exercices de

1. Angela Merkel, discours prononcé devant le Bundestag, 30 novembre 2005.

groupe. En France, les rapports entre les individus sont formels, hiérarchiques. Il est en revanche toléré de couper la parole à un interlocuteur, les débats sur un plateau de télévision tournent à la foire d'empoigne et, dans le travail, chacun aime à garder jalousement les informations qu'il détient. De bien mauvaises habitudes pour contribuer à un travail de groupe à Bruxelles !

En raison de leur croyance dans les hommes providentiels, les grandes figures, pour ne pas dire les « grandes gueules », les Français ont mis longtemps à comprendre l'importance des instances collectives, notamment du Parlement européen. Ces dernières années, de grands progrès ont été accomplis par les députés français, mais il était temps. Peu habituée à agir sur les terrains informels, la France a pris du retard dans l'influence : grande absente des pays d'Europe centrale et orientale dans les années 1990 et 2000 quand les fondations allemandes et américaines labouraient le terrain, elle s'est laissée distancer dans les cœurs et les esprits à l'Est.

En France, pour des raisons historiques, on aime aussi « harmoniser », comme on aime les jardins « à la française ». C'est ainsi qu'au fil des siècles s'est construit ce pays. À la suite de conquêtes, de mariages, d'héritages, la France a acquis de nouveaux territoires qui se sont peu à peu fondus dans l'ensemble. La France est le fruit d'un « élargissement » réussi où l'unité a primé sur la diversité. Si, sous l'Ancien Régime, les provinces conservaient leurs spécificités, la cour rassemblait la noblesse autour d'un seul Soleil. Et les jardiniers du Roy veillaient déjà à ce que, dans les bosquets, pas une feuille ne dépassât ! Napoléon a continué à gommer les différences. En osant faire de Rome le chef-lieu du « département du Tibre », en rationalisant l'organisation administrative française, il a persuadé les Français qu'un moule unique pouvait tout calibrer ! Les hussards noirs de la III<sup>e</sup> République ont fait le reste : les langues régionales ont été éradiquées, au besoin par la force. Les Français ont du mal à admettre les différences. Là où nos partenaires voient la vie, la diversité, les Français redoutent la chienlit.

Enfin, l'amour des Français pour l'harmonisation ne les empêche pas de prendre un malin plaisir à contourner la loi aussi souvent que possible. Alexis de Tocqueville dénonçait déjà, à propos de l'Ancien Régime, la contradiction fatale qui saisit la France : combiner « une règle rigide » et « une pratique molle[1] ». Encore une manière d'échapper à l'absolutisme de l'État.

Longtemps, personne ne s'est ému à Paris que nous nous proclamions le « moteur de l'Europe » sans songer à transposer correctement les directives. Ainsi, un groupe de chercheurs indépendants[2] a étudié en détail la mise en œuvre, par les Quinze, de six directives sur le droit du travail. Lanterne rouge de la transposition, avec un délai moyen de 53,1 mois, la France a droit à des conclusions cinglantes : « La France offre l'exemple parfait d'une négligence motivée par une forme d'arrogance nationale. Parmi les

1. Alexis de Tocqueville, *L'Ancien Régime et la Révolution*, *op. cit.*, p. 109.

2. Gerda Falkner *et al.*, *Complying with Europe* (Max-Planck-Institut für Gesellschaftsforschung), Cambridge, Cambridge University Press, 2005, cité par Sylvie Goulard, « Le renard et le bouc émissaire », *Le Figaro*, 11 octobre 2005.

personnalités interrogées, l'idée était répandue que les politiques sociales européennes n'étaient rien d'autre que des copies du système français. D'où le manque d'intérêt pour les politiques émanant du niveau européen et une certaine tendance à ignorer les contraintes d'adaptation [...]. Cette attitude qui transcende les clivages partisans et idéologiques aboutit en général à l'inertie. Dans de nombreux cas, la mise en œuvre n'est intervenue qu'après que la Commission a lancé des procédures contre la France. [...] Une fois que la Commission est intervenue, la transposition s'est déroulée sans heurts. »

En Grande-Bretagne et chez nombre de nos partenaires nordiques, ce comportement désinvolte choque profondément, à juste titre.

## Le mirage de la puissance

Les Français ont toujours prétendu construire « une Europe puissance » – c'est-à-dire une Europe capable d'agir et de s'affirmer dans le monde – mais n'ont jamais admis les changements d'échelle et les sacrifices que cette révolution, si elle était mise en œuvre, impliquerait vraiment. Dans cette hypothèse, l'Europe est souvent vue comme un « levier », « un multiplicateur de puissance », compensant l'affaiblissement national. À un sénateur belge qui disait du couple franco-allemand « c'est l'Europe des deux », Spaak répondait avec ironie : « Il y a encore moyen d'imaginer l'Europe d'un seul[1]. »

1. Paul-Henri Spaak, *PEA*, *op. cit.*, p. 894.

La tentation d'user de leurs partenaires, notamment des « petits », comme d'un escabeau n'est jamais loin chez certains Français ; écoutons la réaction de Spaak qui, une fois encore, met les pieds dans le plat : « [La diplomatie française] veut une Europe qui serait une sorte de pyramide à la base de laquelle il y aurait un certain nombre de petits pays qui joueraient un petit rôle et au sommet une nation qui serait la plus forte et la plus puissante qui parlerait au nom des autres. […] On peut appeler cela […] faire l'Europe mais ce n'est pas comme cela que nous voulions la faire […]. Au contraire, entre cette conception-là de l'Europe et celle qui était la nôtre, entre le nationalisme et l'esprit communautaire, il n'y pas de point de rencontre. Ce ne sont pas deux idées complémentaires mais contradictoires.[1] »

Conséquence amusante : la France est le seul pays d'Europe dans lequel même les eurosceptiques placent leurs espoirs dans « l'Europe ». Maurice Couve de Murville écrit ainsi : « L'Union politique a toujours été, au moins en France, la perspective lointaine mais capitale donnant leur vrai sens aux efforts entrepris sous le vocable devenu classique de construction européenne[2]. » Le général de Gaulle souhaitait quant à lui « l'institution du concert des États européens[3] ». Leurs écrits sont remplis de références à l'« Europe », ce qui est assez piquant de la part d'hommes qui combattent les seules méthodes susceptibles de la réaliser un jour. Chez nous, contrairement à ce qui se pratique

1. Paul-Henri Spaak, discours prononcé à la Chambre des représentants, 19 mars 1963, *PEA*, *op. cit.*, p. 911.

2. Maurice Couve de Murville, *Une politique étrangère*, *op. cit.*, p. 347.

3. Charles de Gaulle, *Mémoires d'espoir*, *op. cit.*, p. 182.

partout en Europe, même les souverainistes refusent les élargissements (à la Turquie par exemple) au motif que l'arrivée de ces pays diluerait l'Europe… à la française.

Chez de nombreux Français, le moteur de cette « volonté de puissance » européenne est le désir d'autonomie face aux États-Unis. Mais Raymond Aron, déjà, doutait de leurs chances d'aboutir sur ce terrain, notamment en raison du positionnement ambigu de la France : « Géant économique, nain politique : ainsi les diplomates qualifiaient la RFA. Aujourd'hui, c'est l'Europe occidentale tout entière qui mérite cette double qualification […] Elle a choisi de rester sous la protection des États-Unis et ce choix, la France gaulliste l'a fait, elle aussi, tout en le camouflant sous un langage avantageux […] Le général de Gaulle n'a guère modifié, en profondeur, la conjoncture. Il a poussé nos partenaires de la Communauté vers un atlantisme intégral auquel ils étaient naturellement portés[1]. »

Robert Marjolin soulignait volontiers que « les excès du langage gaulliste […] étaient d'autant plus inutiles que la politique étrangère de la France n'a pas été, de Gaulle au pouvoir, essentiellement différente de celles de nos associés européens. À certaines époques, même lors de la crise de Berlin ou de Cuba, de Gaulle s'est montré l'allié le plus fidèle et le plus résolu des États-Unis ».

La France oscille ainsi en permanence entre le refus de faire évoluer l'Europe vers un État fédéral – *horresco referens* ! – et le rêve d'égaler la puissance du plus puissant

1. Raymond Aron, *Plaidoyer pour l'Europe décadente*, Paris, Robert Laffont, 1977, p. 451.

d'entre eux, les États-Unis d'Amérique. Alliée fidèle de ce dernier, elle se croit obligée de marquer sans cesse sa différence. Il y a pire : tout en reprochant aux Américains leur peu de considération pour leurs partenaires à l'OTAN, elle méprise les « petits » de l'Union européenne avec une incroyable désinvolture. Enfin, elle veut la puissance mais se contente d'un budget européen équivalent à 1 % du PIB global, ce qui interdit d'y parvenir jamais.

Ces incohérences sont d'autant plus regrettables que la France demeure, malgré tous ses défauts, l'un des rares pays européens qui sache encore lancer des idées dérangeantes.

## Une fronde parfois salutaire

Toutes les « exceptions » françaises ne sont pas négatives. Même nos partenaires les plus déçus par le « non » de 2005 – comme les Allemands – reconnaissent le caractère tonique de la critique française. Notre goût pour la révolution fascine autant qu'il dérange. Et nos défauts mêmes ont des aspects positifs.

### *Le vilain petit canard de la mondialisation*

Le positionnement un peu décalé de la France face au capitalisme lui donne une certaine lucidité sur les revers de la mondialisation. Lorsque Romano Prodi a confié à Pascal Lamy, un socialiste français, le portefeuille du commerce extérieur, en pleine contestation *No global*, il a fait en connaissance de cause un pari sur la fécondité de l'impertinence nationale.

Sur ces sujets, la France a une position atypique, inattendue : malgré l'héritage de la Révolution, malgré sa vocation universaliste, elle boude la globalisation. À en juger par l'ampleur des mouvements *No global* dans le monde entier, elle n'est pas la seule mais son histoire, son influence, donnent à sa position un retentissement particulier. En refusant que le marché détermine entièrement les choix de société, en refusant la fatalité du « choc des civilisations », la France peut rendre service à l'Europe et au monde. Sans avoir raison sur tous les points, elle a au moins le mérite de faire entendre un autre « son de cloche ».

Le conformisme intellectuel des cercles européens – à Bruxelles et dans les capitales –, la pauvreté, voire l'égoïsme, de certaines réflexions à la mode sont en effet confondants : sous couvert de défendre la « compétitivité », tout finit par être permis. Des chercheurs ou des fonctionnaires nantis, protégés par la garantie de l'emploi, s'arrogent ainsi le droit de demander sans cesse aux plus vulnérables d'être « flexibles », « adaptables » ; d'autres privilégient l'arrivée d'immigrés qualifiés sans même se poser de questions éthiques sur la perte qui en résulterait pour les pays d'origine. Un tel aveuglement rappelle la période qui a précédé 1789, où chacun dénonçait les privilèges en courant acheter des charges, où les nantis ne cherchaient qu'à échapper à l'impôt tandis que le peuple ployait sous les corvées.

En matière d'économie, un certain nombre de Français ont élaboré une critique utile des dérives du capitalisme ou de la montée des inégalités[1]. Les réflexions d'un Jean Peyrelevade, d'un Claude Bébéar, d'un Patrick Artus[2] trouvent des échos, par exemple en Allemagne, dans certaines interrogations sur le comportement des fonds de pension et la survie du système de « codécision » (*Mitbestimmung*) au sein des entreprises. De même, si tous nos partenaires ne partagent pas l'hystérie anti-Bolkestein et antilibérale propre à la France, nombreux sont ceux qui ont relayé les doutes français contre la règle du pays d'origine en matière de libre circulation des services. Les pays candidats, emportés par leurs mauvais souvenirs du collectivisme, croient parfois un peu trop aveuglément aux vertus du marché. La France, par ses réticences diamétralement opposées – même excessives, voire agaçantes –, incite au moins à chercher un équilibre entre ses propres exagérations et les leurs.

La question de la préservation des « biens publics » (au sens économique du terme) aura, à l'avenir, une importance capitale. Pascal Lamy a été l'un des rares commissaires à oser s'en emparer, non sans se heurter à la résistance des milieux bruxellois. Les Français ne sont certes pas les seuls, comme l'atteste par exemple l'ouvrage *Vive la République européenne !* du professeur allemand Stefan Collignon[3]. Mais il est bon qu'ils continuent à tenir leur rôle de

1. Daniel Cohen, Thomas Piketty, Gilles Saint-Paul (dir.), *The Economies of Rising Inequalities*, Oxford, Oxford University Press, 2002 (1re édition).

2. Claude Bébéar, Philippe Manière, *Ils vont tuer le capitalisme*, Paris, Plon, 2003 ; Patrick Artus, Marie-Paule Virard, *Le capitalisme est en train de s'auto-détruire*, Paris, La Découverte, 2005.

3. Stefan Collignon, *Vive la République européenne !*, Paris, La Martinière, 2004.

« poil à gratter », notamment face aux courants de pensée dominants, souvent anglo-saxons.

## *L'État, c'est nous*

En matière politique aussi, la tradition française peut aider à rééquilibrer le projet européen.

Grâce à la force de sa tradition étatique, la France est probablement l'un des pays les mieux placés pour contrecarrer la surenchère des partisans du « laisser-faire » intégral ou de la « main invisible ». Les Européens aspirent à être gouvernés. Ils veulent que des choix soient faits de manière consciente, après un débat public ; ils refusent que, sous prétexte d'Europe ou de mondialisation, la société dérive au fil de l'eau. Pour Pascal Lamy et Jean Pisani-Ferry, « ce qui inquiète l'opinion, ce n'est pas tant que l'Europe supplante l'État national dans tel ou tel domaine, mais que celui-ci se dessaisisse sans que celle-là s'investisse, que l'on s'installe dans un entre-deux impuissant où nul ne serait responsable, ni comptable des succès et des échecs. L'euroscepticisme se nourrit avant tout du sentiment que la construction européenne est laissée au hasard [...][1] ».

Quel que soit le nom qu'on lui donne, l'enjeu de la construction européenne est bien de créer une puissance publique nouvelle. Nombreux sont ceux qui rejettent le « super-État » mais ressentent au fond d'eux-mêmes le besoin d'un « État super ».

1. Pascal Lamy, Jean Pisani-Ferry, « L'Europe de nos volontés », fondation Jean-Jaurès, n° 27, février 2005.

La tradition centralisatrice de la France, qui lui joue des tours dans la perception du fédéralisme, pourrait être utile si un exercice substantiel de re-répartition des compétences était enfin lancé. L'Europe a un besoin urgent d'unité, de cohérence. C'est en partie parce que, ces dernières années, la France – le grand pays centralisé européen – a déserté l'arène intellectuelle européenne que l'Union en est là.

C'est aussi sans doute en raison de son histoire centralisée, uniformisatrice, que la France a été l'un des rares pays où le débat sur les frontières a été posé si tôt et dans des termes originaux ; ainsi, en France, la discussion autour de la candidature turque s'est plus concentrée sur la nature du projet politique communautaire et sur sa survie à terme que sur l'altérité de ce pays[1]. Certains Français ont eu, encore une fois, un « réflexe européen » salutaire.

En matière de politique étrangère, la situation actuelle de la France est marquée par le même paradoxe. Pendant longtemps, comme nous l'avons rappelé, l'insistance française à bâtir une « Europe puissance », susceptible de tenir tête aux États-Unis, a irrité ses partenaires. Sans doute les Français ont-ils eu raison trop tôt. Lorsque Couve de Murville, dans les années 1960, défendait la position du général de Gaulle contre un Kennedy ouvert, coopératif, partisan du multilatéral, il ne convainquait guère. Face à George W. Bush, il aurait été plus persuasif. Ces dernières années, en raison du comportement des Américains eux-mêmes mais aussi d'une certaine émancipation liée à la fin de la

1. Voir notamment les prises de position de Valéry Giscard d'Estaing, dès 1999, et de Robert Badinter, François Bayrou, Laurent Fabius, Nicolas Sarkozy.

guerre froide, l'idée française a cheminé dans toute l'Europe.

Le changement est particulièrement frappant en Allemagne depuis une petite dizaine d'années. Lorsqu'en 2002 Gerhard Schröder a centré sa campagne sur le refus de la guerre en Irak, il a surfé sur une vague préexistante. Avant 1994, la Cour constitutionnelle fédérale interprétait la Loi fondamentale comme interdisant les interventions militaires « hors zone » OTAN. Les événements en ex-Yougoslavie ont amené les Allemands à prendre peu à peu leurs responsabilités. Ce n'est pas le moindre des mérites de la coalition rouge-verte, composée d'anciens pacifistes, comme Joschka Fischer, que d'avoir aidé l'Allemagne à évoluer en ce sens. Dans d'autres États membres, la « neutralité » se transforme peu à peu, comme les débats à la Convention, dans le groupe Défense, présidé par Michel Barnier, l'ont montré. De ce point de vue, le travail franco-allemand a été utilement complété par les travaux franco-britanniques commencés à Saint-Malo en 1998. La force de réaction rapide européenne compte désormais 60 000 hommes ; l'Europe s'est dotée d'une agence européenne de Défense et a mené en 2003 au Congo (opération Artémis) et en 2004 en Bosnie (Althéa) des actions concrètes. Les Vingt-Cinq se sont dotés d'une stratégie de sécurité commune. Mais ce sont de tout petits pas. Il est difficile de savoir si ce processus lent pourrait aboutir dans des délais raisonnables à la création d'une Europe de la défense digne de ce nom. À ce stade, sur les « gros dossiers » diplomatiques – Israël-Palestine, Iran, Irak, Darfour –, les Européens sont encore trop souvent dispersés et impuissants.

D'une manière générale, l'Europe est plus considérée comme une force d'assistance civile, un pourvoyeur d'aides, que comme une « puissance ». La France a contribué à faire évoluer les choses mais en raison de ses réticences à aller plus loin, elle condamne l'Europe à rester dans un entre-deux. Si elle allait de l'avant, elle entraînerait, à n'en pas douter, nombre de ceux qui, aujourd'hui, sont réticents. L'Europe est une dynamique, le mouvement des uns entraînant celui des autres ; l'une des graves erreurs de nos gouvernants est de la croire statique et de négliger l'effet potentiel de leur propre élan.

## *Culture et laïcité*

Pour de bonnes raisons et parfois de mauvaises, les Français ont aussi une sensibilité exacerbée à l'un des enjeux majeurs du monde de demain : la diversité culturelle. Si la globalisation devait niveler les différences, réduire à néant la diversité, elle finirait par être rejetée.

Un exemple probant de réactivité française peut être trouvé dans le sursaut de Jean-Noël Jeanneney, président de la Bibliothèque nationale de France, face au projet lancé par la firme Google[1]. En décembre 2004, le moteur de recherche américain annonce à cor et à cri qu'il va numériser, et rendre accessible sur la Toile, gratuitement, quinze

1. Jean-Noël Jeanneney, *Quand Google défie le monde. Plaidoyer pour un sursaut*, Paris, Mille et une nuits, 1re édition avril 2005, 2e édition complétée septembre 2006 (aujourd'hui traduit aux États-Unis, au Brésil, en chinois, allemand, arabe, espagnol).

millions d'ouvrages qui auront été sélectionnés dans les fonds de bibliothèques américaines et anglaises. C'est un beau projet pour la diffusion de la culture, mais le danger existe que les œuvres soient choisies et classées en fonction de critères linguistiques (l'anglais d'abord) et commerciaux (les livres qui rapportent des contrats publicitaires à Google d'abord). Alors que la question touche tout autant les Allemands ou les Espagnols, voire les Chinois, c'est un Français qui réagit le premier. Dès le début de 2005, Jean-Noël Jeanneney attire l'attention de l'opinion par des articles de presse. Il rédige ensuite un petit livre afin de déclencher le débat et d'organiser une riposte européenne. En un an, il recueille le soutien de toutes les bibliothèques de l'Union pour monter une bibliothèque numérique européenne multiculturelle, conçue sans recherche de profit et selon les principes d'un savoir organisé. Lorsqu'il s'agit de préserver une culture non marchande, respectueuse de la diversité, la plupart des partenaires répondent à l'appel. Pour faire naître l'« Europe des livres », il a néanmoins fallu qu'un Européen engagé de nationalité française lance l'idée.

Enfin, la France possède un atout précieux dans l'organisation des sociétés modernes : la laïcité. Pour les femmes musulmanes d'Europe (et d'ailleurs), la laïcité est une planche de salut contre la radicalisation de l'islam dont elles sont les premières victimes. Il est un peu regrettable qu'à la Convention la France ait rejeté catégoriquement la mention de l'héritage chrétien de l'Europe, confortant ainsi les adversaires de la laïcité dans une vision caricaturale de celle-ci : en donnant l'impression de nier l'importance de la spiritualité, en refusant l'évidence *historique* de cet héritage, la France a gâché une chance de convaincre ses partenaires des bienfaits immenses du concept de laïcité et de l'exporter.

Maurice Faure disait déjà : « La France a un rôle de premier plan à jouer dans cette Europe, par tout ce qu'elle représente d'idéal et d'histoire. C'est elle et elle seule qui peut tenir ce rôle de ciment et de catalyseur et ce n'est que d'elle que peuvent venir les initiatives nouvelles et sensées. »

Dans l'Union à vingt-sept, la France n'occupe plus une place aussi centrale que dans la CEE, mais cette affirmation comporte toujours une part de vérité. Par sa taille, par son enracinement au cœur de l'Europe, par son histoire, par sa relation avec l'Allemagne, par sa culture, notre pays conserve une responsabilité particulière. Handicapée par quelques défauts archaïques, goûtant des postures plus cassantes que nécessaire, elle a aussi de « bons réflexes ».

Tournons notre amour de la fronde en atout : quand nous mettons notre rébellion au service de justes causes, dans un intérêt supérieur à celui de notre pays, notre influence demeure intacte, notre capacité de rayonnement reste immense. L'élection présidentielle de 2007 doit être l'occasion de redonner à la France toute sa place en Europe et à celle-ci un élan nouveau. Les électeurs, les candidats à l'élection présidentielle de 2007 doivent avoir conscience de l'écrasante responsabilité qu'ils ont vis-à-vis de l'Europe entière. La France détient la clé de l'avenir de l'Europe : si elle retrouve l'esprit communautaire et reprend assez confiance en elle pour courir le risque de la liberté, l'avenir du continent sera bien plus prometteur que si elle reste enfermée dans ses « exceptions ».

Chapitre VI

# Les chantiers à ouvrir

Nul ne sait comment l'Europe va rebondir mais, pour sortir de l'ornière actuelle, l'Union européenne devra tôt ou tard affronter trois questions qu'elle n'a cessé d'éluder : elle doit prendre la démocratie au sérieux ; répartir les tâches entre l'Europe et les États membres en fonction de l'intérêt général européen, dans un souci d'efficacité ; et apprendre à se connaître elle-même.

## Prendre la démocratie au sérieux

### *Assez de gagdets !*

Le « blog » de M^me^ Wallström, vice-présidente de la Commission chargée de la communication, et le plan D de M. Barroso[1] sont des réponses dérisoires à une question majeure : les Européens veulent participer à la décision

1. Commission des Communautés européennes, « Contribution de la Commission à la période de réflexion et au-delà : le plan D comme démocratie, dialogue et débat », document COM (2005) 494 final, Bruxelles, 13 octobre 2005 ; ce plan est censé relancer le débat sur l'Europe après le rejet du Traité constitutionnel.

publique européenne[1] ; on leur répond par des confidences et des boniments. Lancer un dialogue avec un grand D dix jours après avoir décidé, sans tenir compte des interrogations de la population, d'ouvrir des négociations d'adhésion avec la Turquie relève, de la part de la Commission, de l'inconscience ou de la provocation. Tony Blair a fait preuve de la même désinvolture, le 23 juin 2005, devant le Parlement européen, en appelant à un grand débat tout en refusant de l'étendre à la question clé de l'élargissement[2].

Le temps des « visions » est révolu, nous dit-on, la mode est au « concret ». La Commission s'est précipitée, tête baissée, dans cette voie. Sa communication du 10 mai 2006 est d'une naïveté incommensurable. Intitulée « Un projet pour les citoyens. Produire des résultats pour l'Europe[3] », elle invite les États membres et le Parlement à adopter une déclaration qui « réaffirme les valeurs et les ambitions de l'Europe » et « contienne une obligation d'engagement, celui de produire des résultats ». Cinquante ans durant, les institutions n'auraient donc jamais cherché à « produire des résultats » ? Sans compter que, s'il suffisait de faire des déclarations solennelles pour que l'action suive, l'Europe serait déjà parachevée. Les fondateurs ont justement inventé la méthode communautaire parce qu'ils

1. D'après « L'opinion publique dans l'Union européenne », Eurobaromètre standard n° 65, 54 % des Européens considèrent que leur voix ne compte pas dans l'Union (printemps 2006) ; ce chiffre était monté à 59 % à l'automne 2005 (Eurobaromètre n° 64).

2. Tony Blair, discours prononcé au Parlement européen, 23 juin 2005.

3. Commission des Communautés européennes, « Un projet pour les citoyens. Produire des résultats pour l'Europe », COM (2006) 211 final.

avaient compris que les engagements, si solennels soient-ils, sans obligation de résultat ni contrôle démocratique, finissent le plus souvent dans un tiroir.

Dans ce document, la Commission vise, à juste titre, l'achèvement du marché intérieur, le développement de la coopération en matière de liberté, de sécurité et de justice ; elle aborde à raison – quoique trop prudemment – la question des futurs élargissements ; mais, sur tous ces points, elle ne promet guère que du papier, des rapports, des études[1]. Et, si elle rêve de s'inspirer de la conférence de Messine – ou du rapport Spaak –, elle devrait alors se hisser au niveau – moral – où se plaçaient les fondateurs. N'est pas Spaak ou Uri[2] qui veut.

Cette conception utilitariste de l'Europe est dangereuse. Un citoyen est un individu libre, doté de la responsabilité de participer aux décisions de la cité. Le traiter en « consommateur » d'intégration européenne pourrait s'avérer dangereux. Dans une étude remarquable tendant à analyser les attitudes des consommateurs, la sociologue Pascale Weil[3] fait clairement apparaître que les Français vivent aujourd'hui dans « l'imaginaire du oui mais » : l'individu accepte la société de marché / l'Europe / la religion, mais « n'assume pas l'ensemble de ses implications ». L'Union n'a pas intérêt à encourager ces comportements puérils. Le

1. Des « rapports » sur le marché ou sur la stratégie d'élargissement, des « bilans » sur la réalité de la société européenne ou encore un « document de stratégie » sur les relations extérieures...

2. Le principal rédacteur du rapport Spaak.

3. Pascale Weil, *À quoi rêvent les années 90. Les nouveaux imaginaires. Consommation et communication*, Paris, Seuil, 1993, « Points Essais », 1994.

débat référendaire de 2005 a fait apparaître la tentation, chez certains électeurs, de considérer l'Europe comme un distributeur de satisfactions immédiates. Ce penchant ne doit pas être flatté.

Naturellement, l'Europe doit améliorer les conditions de vie, le bien-être, la sécurité des citoyens européens ; les traités affirment d'ailleurs ces objectifs depuis les origines. Mais ces textes évoquent aussi des valeurs à défendre, en Europe et dans le monde. À trop promettre aux Européens sans rien exiger en retour, l'Union se piège et s'appauvrit. Sans devoirs, il n'y a pas de droits qui vaillent ; sans concessions mutuelles ni efforts, pas de projets qui tiennent ; sans méthode contraignante, pas de résultats.

## *Du respect pour tous*

Une expérience menée par l'association Emmaüs, durant la campagne référendaire, est en revanche extrêmement encourageante : en organisant, dans les centres d'accueil, des débats sur l'Europe, l'association a redonné aux sans-abri leur dignité. 55 % d'entre eux se disaient prêts à voter « oui » ! Ce chiffre prouve que les Européens – même les moins nantis – n'attendent pas que des « résultats » ; ils espèrent surtout, pour donner la parole à l'un d'eux, « qu'on cesse de [les] désigner comme [des] exclu[s], qu'on [les] considère comme un citoyen, comme un acteur de la société à part entière[1] ».

1. Martin Hirsch *et al.*, « Le oui subversif d'Emmaüs », *Libération*, 23 mai 2005.

Les fondateurs ont créé quelque chose de solide parce qu'ils étaient prêts à oser la démocratie supranationale, parce qu'ils voyaient grand et loin. Lorsque la Commission espère « ranimer le soutien » des citoyens à la cause européenne grâce à une liste de « projets » utiles, elle fait fausse route. Elle ignore ainsi l'une des aspirations fondamentales de la personne humaine : le besoin de participer à une action pérenne qui transcende son propre horizon. En dédaignant cette loi, la Commission bâtit sur du sable. Au premier caprice, l'Européen « consommateur », blasé, zappera. Jacques Delors l'avait compris, qui voulait au contraire redonner « une âme » à l'Europe. Depuis des années déjà, les hommes politiques européens se veulent pragmatiques – voire « terre-à-terre » (*sic*) – sans parvenir à séduire[1]. Combien d'échecs leur faudra-t-il pour prendre conscience de leurs erreurs ? Comme le chante Alain Souchon, les Européens ont peut-être avant tout « soif d'idéal ».

Avant d'entreprendre quoi que ce soit, l'Europe doit donc oser redevenir une ambition à l'échelle du monde. Quelles que soient les solutions juridiques échafaudées pour sortir de la crise actuelle, l'essentiel est de lui redonner un sens.

Certains ont peur de rouvrir la boîte de Pandore, de rediscuter le fond du Traité ; il y a un risque, c'est vrai, à remettre l'ouvrage sur le métier, mais ne faut-il pas le courir ? Vivre à vingt-sept sans oser se parler, sans pouvoir

1. Voir par exemple le plaidoyer de Denis Mac Shane quand il était ministre des Questions européennes de Grande-Bretagne, « Pour une Europe terre-à-terre », *Le Monde*, 17 janvier 2003 ; ou, en France, la thèse d'Hubert Védrine « L'Europe doit avancer telle qu'elle est », *L'Express*, 15 décembre 2005.

définir ensemble le but et les règles du jeu ? Ayons confiance dans l'œuvre accomplie : sur de nombreux sujets, la Convention a proposé des progrès. Elle est parvenue à des positions sensées ; le débat y ramènera ou fera apparaître la mauvaise foi de ceux qui rejettent ce texte.

### *Il n'y a pas de « complot des élites »*

On reproche souvent aux fondateurs d'avoir agi en catimini. L'Europe, nous dit-on, serait un projet fomenté par l'« élite », forcément éclairée, contre le peuple, forcément primaire. Si seulement nos pays possédaient des élites nombreuses animées par l'idéal communautaire, ce serait une bonne nouvelle ! Mais ce n'est pas le cas et cette carence existe dans tous les États membres. Nulle part, elle n'est excusable. Pour la France, qui prétend tenir un rôle particulier en Europe, elle est impardonnable. Naturellement, un certain nombre d'hommes politiques, de journalistes, d'intellectuels, de hauts fonctionnaires ou de responsables du secteur privé demeurent sincèrement attachés à l'intégration européenne. D'autres en revanche, qui se prétendent « bons Européens », continuent à voir l'Union à travers les verres déformants du chauvinisme. Certains ont tout particulièrement du mal à sortir du petit bocal parisien dans lequel ils sont enfermés. Ceux-là sont des Européens engagés aussi longtemps qu'il ne leur en coûte rien. Mais s'il s'agit de céder la moindre parcelle de pouvoir ou même de faire l'effort de convaincre des Polonais, des Grecs ou des Slovaques, leur enthousiasme se refroidit.

En 2005, une minorité d'hommes politiques ont même montré qu'ils n'hésitaient plus à servir ce qu'ils croient être leur destin sur le dos de l'Europe. Exactement comme dans d'autres pays, notamment l'Allemagne, les barons locaux n'ont pas hésité à démolir l'Europe au nom de la sacro-sainte subsidiarité qui sert de prétexte à la défense de leur pré carré. La fin du « surmoi » est assez préoccupante ; l'Europe n'en sort pas grandie.

Même après guerre, les fondateurs n'étaient qu'une poignée au sein des couches dirigeantes. Ils furent le « sel de l'Europe ». Le témoignage précité de Maurice Faure sur le Quai d'Orsay reflète une réalité assez largement répandue : « c'est d'abord contre l'administration française que la bataille devait être gagnée. Son point de vue était entièrement négatif », écrit Robert Marjolin à propos du traité de Rome. À Paris, la première réunion interministérielle sur le rapport Spaak a donné lieu à un tour de table désastreux : à part M. Clappier, l'ancien directeur de cabinet de Robert Schuman, tous les participants étaient hostiles au projet[1]. En RFA, il a fallu toute l'autorité d'Adenauer pour faire passer la Communauté du charbon et de l'acier, puis la Communauté européenne, trop « interventionnistes » aux yeux des libéraux (Erhard notamment). À l'exception notable de Willy Brandt, le parti social-démocrate allemand a critiqué l'intégration communautaire à ses débuts.

Le plus souvent, l'opinion positive envers l'intégration européenne dépend du niveau d'études mais il ne faut pas exagérer cette corrélation. Lorsque la presse quotidienne

1. Robert Marjolin, *Le Travail d'une vie*, *op. cit.*, p. 283.

régionale – comme *Ouest-France* par exemple – parle régulièrement d'Europe, ce lien s'estompe. Comme le précise l'article précité sur Emmaüs, « quand on entend qu'au-dessous de 1200 euros de revenus mensuels, les gens votent forcément contre le traité, on généralise abusivement ou [...] on dit ce qu'on aurait envie d'entendre ».

L'analyse qui consiste à opposer ceux qui savent et les autres, la « France d'en haut » et la « France d'en bas », les nantis et les pauvres, est caricaturale et nocive. Schuman, De Gasperi, Marjolin, hommes simples et proches des simples, l'auraient récusée.

Il est vrai qu'en leur temps les fondateurs ont pris leurs responsabilités. En conscience, ils ont ignoré les vociférations de ceux qui criaient encore vengeance. Ils n'ont pas décidé sondages en mains. Mais peut-être ont-ils été, plus qu'on ne le dit, en accord avec la majorité silencieuse, pacifique, avec tous ceux qui auraient fourni la chair à canon de nouveaux conflits. L'Europe est un sujet politique, un sujet pour tous, à débattre lors des élections présidentielles. Elle n'est pas l'apanage d'une élite qui a plutôt failli dans la mission, qui était la sienne, de l'expliquer et de la défendre.

### *Un détour tactique*

Les fondateurs auraient préféré créer une fédération, une véritable démocratie obéissant aux principes de la séparation des pouvoirs. Les circonstances les ont forcés à « bricoler ». Walter Hallstein reconnaît que « l'ordre de la

Communauté laisse ici quelque peu à désirer. Il représente une démocratie encore "sous-développée"[1] ». Ils ont fait ce qu'ils ont pu, dotant par exemple la Communauté du charbon et de l'acier d'une assise démocratique étonnante : une Assemblée parlementaire composée d'élus nationaux, une Cour de justice. En 1950-1952, le projet de Communauté de défense (CED) prévoyait également une assemblée qui serait élue à terme au suffrage universel direct.

Après l'échec de la CED, les rédacteurs du traité de Rome adoptèrent un profil bas. Pour Robert Marjolin, « le sentiment domina chez les partisans d'une Europe unie que le ciel leur était tombé sur la tête et que c'en était fini pour toujours de l'idée européenne[2] ». Lorsque, peu après, ils se contentèrent du Marché commun, ils évitèrent à dessein toute hardiesse. Marjolin explique : « Il était essentiel de donner au nouveau traité un caractère purement économique en ignorant les grands principes et les finalités politiques qui avaient enthousiasmé les Européens des années 1950-1954 mais qui provoquaient en 1956 des réactions hostiles dans une partie de l'opinion [...] ; quant à l'idée de supranationalité, elle n'apparut nulle part dans les documents rédigés lors des négociations ; personne ne prononça le mot[3]. » Cette précaution permit d'apaiser les craintes. Le traité de Rome fut rapidement ratifié ; à son arrivée au pouvoir en mai 1958, le général de Gaulle ne le remit pas en cause. Il l'utilisa même pour étayer la modernisation économique de la France.

1. Walter Hallstein, *L'Europe inachevée*, *op. cit.*, p. 85.
2. Robert Marjolin, *Le Travail d'une vie*, *op. cit.*, p. 274.
3. *Ibid.*, p. 293.

En raison de leur prudence, dans ce contexte bien particulier, on a pu dire des fondateurs qu'ils avaient avancé « masqués ». À maintes reprises, ils ont pourtant expliqué ouvertement leur but, l'union politique. Il suffit de les relire pour s'en persuader. Paul-Henri Spaak déclare par exemple, en 1961, à la Chambre belge des députés, alors qu'il est redevenu ministre des Affaires étrangères : « Je ne diminue certes pas l'intérêt et l'importance du traité de Rome mais je n'ai aucune peine à déclarer que, pour moi, il n'est pas l'Europe mais une simple étape vers un but plus important, l'Europe unie[1]. »

Non seulement ils ne cachent rien, mais ils sont même tout particulièrement sensibles à la nécessité d'expliquer leur projet. En permanence, ils veillent à favoriser les échanges par-delà les frontières. Rappeler ce que Monnet a accompli en la matière montre bien par contraste les carences actuelles. En 1955, il quitte la présidence de la Haute Autorité de la CECA afin de créer un Comité d'action pour les États-Unis d'Europe. Son analyse est simple : « L'obstacle sur la voie de l'Europe, en 1954, c'était la résistance politique, la difficulté de décider en dernier ressort. Il fallait l'aborder de front et obtenir de la souveraineté qu'elle déléguât de la souveraineté. Je me préoccupai des moyens de faire que les forces politiques ne fussent plus nulle part les freins mais partout les moteurs de l'Europe[2]. »

Ce Comité réunit des hommes politiques de toutes tendances, appelés à exercer, dans leurs pays respectifs, les plus

1. Paul-Henri Spaak, discours, Bruxelles, 14 juin 1961, *PEA*, *op. cit.*, p. 800.

2. Jean Monnet, *Mémoires*, *op. cit.*, p. 468.

hautes responsabilités. En sont également membres de nombreux syndicats qui permettent de maintenir le lien avec les ouvriers et les salariés (mais non le patronat). Pendant vingt ans, leur travail va aider à rapprocher les esprits en Europe. Une fois de retour dans leurs assemblées parlementaires, dans leurs partis, dans leurs usines, les membres du comité défendent les positions arrêtées en commun. Cette convergence facilite grandement les négociations officielles. Pour Monnet, il ne s'agit pas de réaliser un consensus « sur les zones basses du compromis » mais de prendre ensemble des positions, des « engagements d'agir publiquement et de changer le cours des choses »[1]. Jean-Jacques Servan-Schreiber qualifie alors ce comité de « pouvoir fédéral intellectuel ». Entre les séances, Monnet tisse sa toile, allant des uns aux autres, aplanissant les divergences. Voilà de quoi relativiser les jugements à l'emporte-pièce sur l'« Europe technocratique et libérale », coupée des réalités, indifférente aux enjeux sociaux ! Certes, les fondateurs n'invoquaient pas à tout bout de champ le « citoyen » – cette créature singulière qui hante désormais tous les textes de l'Union – mais ils avaient des relais dans la société, y compris auprès des travailleurs les plus modestes.

Et Jean Monnet était pugnace ; il ne lâchait pas prise au premier vent contraire, sûr que « le point où les intérêts des hommes convergent existe toujours [...] ; il suffit de se fatiguer pour le trouver[2] ». Qui est encore prêt à se « fatiguer » pour l'Europe ?

Tandis que Monnet agit dans son Comité, d'autres

1. *Ibid.*, p. 487.
2. *Ibid.*, p. 459.

grands Européens continuent inlassablement d'expliquer l'Europe. C'est notamment le cas de Spaak, qui insiste sur la nécessaire pédagogie à mener : « Il faut donc que les hommes politiques qui ont pris la responsabilité de cette transformation radicale et fondamentale de l'Europe [...] se répandent à travers leurs pays respectifs pour alerter ceux qui sommeillent, réveiller les endormis et leur dire : faites attention ; ceux qui dorment et qui dormiront trop longtemps ne se réveilleront plus jamais. Tandis que ceux qui ont compris ce qui se passe, qui vont s'adapter aux conditions nouvelles et qui vont essayer de penser suivant les normes et les valeurs nées du Marché commun, pour ceux-là, je crois que l'avenir économique – et dans mon esprit ces deux notions ne sont jamais séparées –, l'avenir social est extrêmement brillant[1]. »

Aujourd'hui, ces grandes voix, et d'autres encore, se sont tues. François Mitterrand pouvait évoquer le congrès de La Haye, le plan Schuman, le traité de Rome et dire : « J'y étais, et j'y croyais[2]. » Peu d'hommes politiques des jeunes générations tiennent un discours de substitution.

### *La mauvaise pédagogie chasse la bonne*

Certains jeunes experts répandent même des idées approximatives. L'ouvrage de Mark Leonard intitulé *Pour-*

1. Paul-Henri Spaak, conférence « Une révolution européenne », Rome, 26 mars 1957, *PEA*, *op. cit.*, p. 619.
2. François Mitterrand, discours prononcé devant le Parlement européen, mai 1984.

*quoi l'Europe dominera le XXI^e siècle*[1] montre bien le risque de fourvoiement. Écrivant principalement pour des milieux britanniques et américains eurosceptiques, il s'adapte à leur schéma mental jusqu'à tordre la vérité historique. L'auteur a raison de souligner que les méthodes non coercitives de l'Europe transforment plus sûrement les esprits que l'emploi de la force, mais il oublie que ce « magistère d'influence » requiert une Union capable d'agir. Or l'auteur prétend qu'elle pourrait survivre en s'élargissant à cinquante États membres, sans vision, ni méthode. Le contresens est abracadabrant.

Comparant le ressort de l'Union à une « main invisible », Mark Leonard sous-estime l'importance des procédures contraignantes, tout comme il minimise les sacrifices mutuels. Pour lui, « chaque pays suit son intérêt national mais, une fois les divers intérêts nationaux réunis dans la boîte noire de l'intégration européenne, il en résult [e], à l'autre bout, un projet européen ». Abracadabra ! Le travail des institutions européennes n'est qu'un « simple filtrage de l'intérêt national ». Si tout se faisait par magie, pourquoi les fondateurs auraient-ils prévu un Parlement élu au suffrage universel direct, une Cour de justice, une Banque centrale, une Commission ?

Curieusement, il affirme que « la vision de Monnet consista à renoncer à toute vision[2] ». Un simple coup d'œil à la déclaration Schuman, rédigée par Monnet et son entourage, selon laquelle « cette proposition réalisera les premières

1. Mark Leonard, *Pourquoi l'Europe dominera le XXI^e siècle*, Paris, Plon, 2006.

2. *Ibid.*, p. 30.

assises concrètes d'une fédération européenne indispensable à la paix », dément cette assertion. En outre, comme nous venons de le voir, Monnet a consacré vingt ans de sa vie à un Comité d'action destiné à faire émerger les « États-Unis d'Europe ». Pour un homme dépourvu de vision, voilà un étrange passe-temps.

L'Europe, semblable, selon M. Leonard, au réseau carte Visa (*sic*), a bien peu de chance de « dominer le XXIe siècle » ; en tout cas l'auteur se garde bien d'expliquer comment elle pourrait réussir ce prodige en ignorant toutes les recettes qui, à ce jour, ont fait son succès. Refuser à ce point de voir les servitudes et la grandeur de l'engagement communautaire, nier avec un tel aplomb la vertu de sa méthode, voilà qui est tout de même stupéfiant !

Récemment, Tony Blair a lui aussi prétendu « partager » la « vision » des « fondateurs » (*sic*) d'« une union sans cesse plus étroite d'États-nations coopérant, à partir de leurs droits souverains quand il est de leur intérêt de le faire ». Rappelons que l'article 1er du traité UE parle d'« Union sans cesse plus étroite de peuples », et non d'une « Union sans cesse plus étroite d'États » ; ce point, loin d'être secondaire, opposa constamment Monnet à de Gaulle. Le contresens est grave de la part d'un responsable politique qui devrait s'attacher à expliquer les textes, non à les déformer Les coqs qui gâtent les perles ne sont pas tous gaulois.

Le Comité d'action de Monnet n'existe plus, alors même que son utilité serait encore accrue dans une Union à vingt-sept, hétérogènes. Désormais, gouvernants et Commission regardent les divergences comme des vaches regarderaient passer les trains, avec placidité. Ni les gouvernements français et néerlandais, ni la présidence britannique du second semestre 2005, ni la Commission n'ont fait grand-chose après deux « non » tonitruants de deux pays fondateurs. En juin 2006, les gouvernements ont fixé un calendrier qui leur laisse jusqu'en 2008 pour trouver une solution. Cet euroscepticisme qui s'ignore sert la soupe au camp d'en face !

## *Du bon usage du référendum*

Pour sortir de l'impasse actuelle, un nouveau référendum est-il incontournable ? Les partisans du « non » font de la surenchère. Le député Nicolas Dupont-Aignan (UMP) prône, à l'avenir, la consultation des Français sur toute réforme institutionnelle européenne afin d'éviter que le « Parlement ne décide dans le dos du peuple » (*sic*) ; le député Laurent Fabius (PS) l'exige au nom du « parallélisme » des procédures[1]. La confiance de ces deux députés dans le travail de l'Assemblée à laquelle ils appartiennent est décidément limitée ! Certains, dans le camp du « oui », François Bayrou, par exemple, demandent aussi qu'un nouveau traité soit soumis au référendum.

Nous avons vu en 2005 les vertus de cette procédure. À la sortie des écoles, dans le bus, au bistrot et sur les lieux de travail, l'Europe a été au centre des conversations. Et c'est bien ainsi. Aucun débat parlementaire, aucune élection

1. « Un an après le non au référendum… », émission « À l'air libre », présentée par Pierre-Louis Blanc, sur Europe 1, 29 mai 2006, 18 heures 15 (avec l'auteur).

antérieure au Parlement européen ou national n'avait suscité une discussion aussi vive sur l'Europe.

Mais ses inconvénients sont redoutables : l'interférence de la politique intérieure en fait un instrument rustique. En outre, les électeurs sont invités à se prononcer sur des textes d'une grande technicité sans y avoir été préparés. Nombre d'inexactitudes sont proférées qui ne sont pas corrigées (en 2005, par exemple, sur la politique de concurrence, ou sur l'interruption volontaire de grossesse).

Ce danger est accru par la tendance récente des médias et de la société à dévaloriser l'expertise, à privilégier le « vécu » par rapport à la réflexion. Tous nos malheurs viennent des « technocrates ». La place faite aux chiens écrasés et aux reportages de rue réduit le temps disponible pour l'analyse. Avec Internet, la moindre association mal intentionnée peut répandre des inepties à grande échelle. En amplifiant la démagogie à moindre coût, la technologie jette une ombre menaçante sur la démocratie, qui suppose des électeurs rationnels, correctement informés.

Compte tenu de ces aléas, le référendum devrait être manipulé avec discernement. Tout texte soumis au peuple devrait avoir été rédigé dans ce dessein, ce qui n'avait pas été le cas du Traité constitutionnel.

Si, malgré tout, un référendum était organisé, encore faudrait-il l'« européaniser » c'est-à-dire éviter que, sur un sujet d'intérêt commun d'une si grande importance, le vote ait lieu à des dates et selon des modalités différentes d'un pays à l'autre. Ce n'est pas évident dans la mesure où, par exemple, la Loi fondamentale ne prévoit pas de consultations populaires en Allemagne, à ce jour.

Plus que de référendums épisodiques, nous avons besoin, au contraire, de renforcer le contrôle permanent du Parlement national sur la politique européenne menée par l'exécutif. Pour la France, ce devrait assurément être l'une des priorités du futur candidat à la présidentielle. Après le traité de Maastricht, une réforme constitutionnelle a accru l'implication des députés et des sénateurs dans les questions européennes, mais de gros efforts restent à faire. La Ve République demeure marquée par le caractère excessivement présidentiel du régime.

### *La fin du bricolage ?*

Depuis le traumatisme de la Communauté européenne de défense, en 1954, nous avons pris des chemins de traverse économiques pour poursuivre un but politique. N'est-il pas temps de franchir le pas ou du moins de mettre un terme au « bricolage » ? La question a malheureusement été éludée à la Convention.

Comme l'a dit Giuliano Amato, son vice-président, pour exprimer sa déception sur le résultat : « J'attendais une fille [une constitution], j'ai eu un garçon [un traité]. » Peut-être la Convention est-elle venue trop tôt, mais l'échec de 2005 peut aussi faire mûrir les esprits.

Cessons tout d'abord de reprocher à l'Europe de n'être pas ce que nos gouvernants n'ont jamais voulu qu'elle fût. Jusqu'à présent, ils ont choisi de progresser par étapes, par petits « bonds », comme disait Alcide De Gasperi. Peut-être sommes-nous au bout de ce processus.

Ensuite, les solutions sont connues, dans leurs multiples variantes, des plus modestes au fédéralisme. Même les adversaires les plus farouches de cette forme d'organisation politique lui reconnaissent le mérite de la clarté : Couve de Murville écrivait ainsi que la supranationalité serait plus concevable si « un pouvoir commun représentatif des peuples concernés tous ensemble » venait à être élu, il serait « politique au sens réel du terme et doté des moyens nécessaires pour assurer l'application de ses décisions[1] ».

Mais Couve de Murville écartait le système fédéral au motif que ce n'était certainement pas la conception que la France se faisait de l'organisation européenne. Il est permis d'espérer que cette pétition de principe cessera un jour de tenir lieu d'alpha et d'oméga aux Français. Walter Hallstein explique fort bien que, faute d'expérience, les Français se trompent sur les effets du fédéralisme. Pour lui, la Révolution française a enraciné à tort dans ce pays l'idée qu'« il n'y a que l'individu et l'État, rien au-dessus, ni en dessous, ni entre eux[2] ».

Jean Monnet disait à la dernière page de ses Mémoires que « la véritable autorité politique dont se doteront un jour les démocraties européennes reste à concevoir et à réaliser ». Peut-être est-ce là la tâche de notre génération, justement.

1. Maurice Couve de Murville, *Une politique étrangère*, *op. cit.*, p. 293.
2. Walter Hallstein, *L'Europe inachevée*, *op. cit.*, p. 49.

## Répartir les tâches en fonction de l'intérêt commun

Le deuxième chantier à ouvrir, tout aussi titanesque, consiste à réformer la répartition des compétences entre le niveau européen et le niveau national.

Avec ses 500 millions d'habitants, l'Union européenne ne peut pas être organisée de manière centralisée. Les États et les régions doivent conserver à l'évidence de nombreuses prérogatives, mais le partage doit être repensé, en fonction de l'intérêt général européen, et non s'opérer, comme c'est trop souvent le cas aujourd'hui, sur la base de grignotages successifs. Il est temps de passer à une logique d'action.

Pour remédier à cette situation nuisible aux intérêts européens, les Européens doivent cesser de sacraliser une subsidiarité à sens unique, donner… soif à un troupeau d'ânes et oser la puissance publique.

### *Les dégâts d'une « subsidiarité » à sens unique*

Le traité de Rome prévoyait une répartition des pouvoirs entre le « centre » (Bruxelles) et les États membres qui n'est pas celle en usage dans les États fédéraux : les compétences étaient attribuées en fonction du but à atteindre. Ainsi, l'Acte unique donnait à la Communauté les pouvoirs nécessaires pour réaliser le marché unique, sans énumérer à l'avance les domaines d'action concernés ; cette attribution était susceptible d'évoluer dans le temps et de faire « remonter » à Bruxelles des matières auxquelles nul n'avait songé ; la Cour a appliqué la libre circulation aux joueurs de football, par exemple.

En pratique, ce choix a eu des conséquences assez fâcheuses. Tout d'abord, il était évident que la création d'un marché entre de vieilles nations dotées de législations anciennes, parfois protectionnistes, toujours jalouses de leurs prérogatives, allait entraîner des bouleversements. Les États ne les ont jamais vraiment assumés. Sur ce point, il faudrait commencer par cesser d'attaquer la Commission et « Bruxelles » : à tout pécheur miséricorde, sous le contrôle du juge.

Certains, en Allemagne notamment, ont refusé d'admettre l'originalité du mécanisme communautaire d'attribution des compétences, cherchant toujours à revenir au fédéralisme au motif que ce dernier permettrait de déterminer plus clairement « qui fait quoi ». Le plus amusant, c'est que même dans les États fédéraux (Allemagne comprise), la répartition de compétences (en l'occurrence entre Länder et Bund) est l'objet de constantes disputes.

La Commission, quant à elle, est parfois allée trop loin, un peu par goût du pouvoir, un peu par négligence, souvent à la demande des États, trop heureux de faire appel à elle lorsqu'ils étaient confrontés à des situations d'urgence. C'est ainsi, par exemple, qu'après les naufrages répétés de pétroliers au large des côtes françaises, le gouvernement français s'est tourné vers « Bruxelles » pour lui demander d'agir en matière de sécurité maritime, sans se préoccuper de savoir si l'Union était compétente.

Tantôt Bruxelles en fait trop, tantôt pas assez ; en un mot, Bruxelles, bouc émissaire idéal, a toujours tort. Peu à peu, le sentiment d'une « intrusion » de la Communauté s'est répandu, comme si la Commission agissait toujours de son propre chef.

Pour limiter les empiètements, un principe nouveau, dit principe de « subsidiarité », a été posé à l'article 5 du traité relatif à la Communauté[1]. Inspiré de la doctrine sociale de l'Église, ce principe a véritablement pris son essor avec le projet (jamais adopté) de traité d'Union européenne d'Altiero Spinelli de 1984 et un rapport parlementaire de Valéry Giscard d'Estaing en 1990[2].

Mais il n'a pas eu l'effet escompté. Tout d'abord, le mot de « subsidiarité » est obscur. L'une des priorités, à l'avenir, devrait être de bannir du vocabulaire européen ces termes compliqués qui sont des nids d'euroscepticisme.

Cette obscurité cache en outre une divergence d'interprétation : pour le plus grand nombre, la subsidiarité est un bouclier permettant de se protéger contre « Bruxelles », en faisant « redescendre » des compétences qui sont peut-être exercées abusivement au niveau communautaire (la réglementation de la chasse ? une partie de la politique agricole ? la fiscalité indirecte sur des biens consommés localement ?). Mais, en toute rigueur, le concept de subsidiarité

1. « La Communauté agit dans les limites des compétences qui lui sont conférées et des objectifs qui lui sont assignés par le présent traité. Dans les domaines qui ne relèvent pas de sa compétence exclusive, la Communauté n'intervient conformément au principe de subsidiarité que si, et dans la mesure où, les objectifs de l'action envisagée ne peuvent pas être réalisés de manière suffisante par les États membres et peuvent donc, en raison des dimensions ou des effets de l'action envisagée, être mieux réalisés au niveau communautaire ».

2. PE 139.293.

est comme une rue « à double sens » : il peut aussi conduire à faire « remonter » ce qui pourrait être plus efficacement accompli au niveau central (l'harmonisation des assiettes de l'impôt sur les sociétés ? la politique étrangère ? la défense ? la justice pénale ? la police ?).

Ces dernières années, la subsidiarité a été pratiquée à sens unique dans un climat de défoulement « anti-Bruxelles ». Ce tintamarre n'a rien renationalisé : ni la chasse, ni la PAC, ni aucune politique décriée n'ont été vraiment modifiées. Parce que tout se tient et que les demandes des uns suscitent de nouvelles demandes des autres. Parce que, dans le fond, le *statu quo*, voire la confusion, en arrange plus d'un. Sans oublier la tendance des États à entrer dans des détails exagérés au niveau européen : si les directives restaient ce qu'elles doivent être – des textes cadres, généraux, complétés au niveau national –, le problème des « intrusions » de Bruxelles serait sans doute moins vif.

Curieusement, la Commission est entrée dans le jeu de massacre. Il est sain qu'elle veille à ne pas proposer de législations inutiles mais, de là à s'autoflageller, il y a un pas, que l'équipe Barroso a franchi allègrement à l'automne 2005[1]. Dans une grande opération de relations publiques, elle a fait connaître aux médias une liste de propositions de textes qu'elle déclarait abandonner. C'est un inventaire à la Prévert, dont la logique d'ensemble est assez perverse

1. Voir Commission des Communautés européennes, « Résultat de l'examen des propositions législatives en instance devant le législateur », document COM (2005) 462 final, Bruxelles, 27 septembre 2005 ; et retrait de propositions de la Commission à la suite de l'examen de leur pertinence générale, de leurs répercussions sur la compétitivité et d'autres aspects, *Journal officiel*, n° C 064, 17 mars 2006, p. 3-10.

puisque le principal critère d'abandon est l'incidence sur la compétitivité.

Par le passé, il était déjà arrivé que le secrétariat général de la Commission retirât les textes obsolètes ou inopportuns, mais nul ne dérangeait la presse à cette occasion. Le jeu peut se retourner contre la Commission : en laissant entendre – sans réforme d'ensemble de la répartition des compétences – que ses services sont saisis de *delirium* législatif, la Commission accrédite les attaques les moins fondées de ses détracteurs. Elle serait avisée de démontrer que la répartition actuelle des compétences nuit aux intérêts de l'Europe, non parce que « Bruxelles » en fait trop, mais parce que l'intérêt général a été trop souvent perdu de vue.

Face à cette action de la Commission, la réaction du Sénat français est très révélatrice. Chargée d'examiner la communication en cause[1], la délégation pour l'Union européenne relève que certains textes n'étaient pas inutiles, loin de là, notamment ceux relatifs à la mutualité européenne, ceux qui concernaient le statut d'association européenne, ou encore la proposition de directive sur les restrictions à la circulation des poids lourds, en raison des conséquences sur le droit du travail et sur l'environnement. Et le Sénat de conclure : « mieux légiférer n'est pas moins légiférer », avant de toucher le cœur de la problématique : « Jusqu'à présent le principal modèle juridique européen a été le modèle romano-germanique, caractérisé par le rôle

1. Examen par la délégation pour l'Union européenne du Sénat du document COM (2005) 462 final, 16 novembre 2005, et Bernard Frimat, « Proposition de résolution », n° 95, 23 novembre 2005, disponible sur http://www.senat.fr/ne/tableau/résolutions-88-4.html.

central du législateur. Mais, aujourd'hui, le modèle anglo-saxon qui met davantage l'accent sur le contrat, sur la négociation, est de plus en plus souvent mis en avant. Pour que les citoyens se retrouvent davantage dans la construction européenne, il faut garder une ambition législative forte pour l'Europe. »

Voilà pourquoi les « continentaux », les descendants des inventeurs de la méthode communautaire, devraient cesser de hurler avec les loups eurosceptiques. L'Europe communautaire, c'est tout le contraire de la « main invisible » : c'est la libéralisation accompagnée de règles du jeu.

En 1988, Jacques Delors a tenté de démontrer le « coût de la non-Europe ». Cette problématique inversée est judicieuse ; elle revient à se demander quel prix l'Europe paie à ne pas exister dans certains domaines.

Des réformes plus intelligentes aboutissant à une « décentralisation » de Bruxelles vers les États sont non seulement possibles mais ont déjà été menées avec des effets positifs. Ainsi, Mario Monti a délégué certaines compétences de la Commission aux autorités nationales de la concurrence dans le cadre d'une réforme entrée en vigueur en 2004.

À la Convention, la Commission a aussi tenté de commencer la réflexion par une analyse aussi objective que possible des besoins sans *a priori*. Dans son discours d'ouverture, le président Prodi a invité tous les protagonistes à admettre la nécessité de remettre à plat leurs prérogatives : « Des fonctions et des compétences exercées aujourd'hui au niveau de l'Union peuvent et doivent être reconsidérées et confiées aux États membres. La Commission ne se soustraira pas à ses responsabilités et elle est prête à prendre sa part et à évoluer en fonction des nouvelles nécessités de l'Europe. Elle est prête à redéfinir ses tâches et même, si cela s'avère utile dans l'intérêt général, à céder une partie de ses compétences propres pour assumer de nouvelles responsabilités dans les domaines où se joue l'avenir de l'Europe. En effet, toutes les institutions représentées ici doivent se remettre en question devant cette Convention[1]. »

Mais cette initiative a fait long feu. Certains au sein de la Commission ont pris peur devant cette audace. Dans les capitales, d'autres ont redouté que la démarche fasse apparaître le secret de Polichinelle le mieux gardé par les chancelleries : pour que l'Europe existe, une dose plus forte de centralisation est nécessaire dans certains domaines.

Comme l'avait bien identifié Valéry Giscard d'Estaing dans son rapport précité, le « critère de l'efficacité » – reposant sur l'idée que « les États ne transfèrent au niveau supérieur que les tâches qui seront mieux réalisées au niveau communautaire que par eux-mêmes » – est, par essence, centralisateur, du moins dans plusieurs domaines régaliens. Les pères fondateurs américains en étaient arrivés à la même constatation à propos de champs que nous venons d'évoquer (politique étrangère, défense, grandes décisions de macroéconomie adossées à la monnaie)[2].

1. Discours de Romano Prodi, président de la Commission, 28 février 2002 ; disponible sur le site web www.european-convention.eu.int.

2. Voir les thèses de Jefferson telles qu'elles ressortent notamment des « Federalist Papers », documents rédigés lors de la rédaction de la Constitution des États-Unis.

Dans tous ces domaines, faute d'avoir transféré un socle de compétences au niveau européen, les actions restent bien souvent en deçà des mots. D'où la maladie chronique dont souffre l'Union européenne aujourd'hui : elle dit qu'elle fait mais elle ne fait pas.

Si le chantier constitutionnel était rouvert, nous devrions garder à l'esprit la nécessité de régler de manière satisfaisante, eu égard à l'intérêt général et à l'efficacité, la question des compétences, avec le souci de ne pas irrémédiablement couper « Bruxelles » des populations.

## *Faire boire un troupeau d'ânes qui n'ont pas soif ?*

Selon le proverbe, « on ne peut pas faire boire un âne qui n'a pas soif » ; de fait, la souveraineté se trouve entre les mains des États. S'ils ne veulent pas transférer leurs compétences à l'Europe, celle-ci restera bloquée. Maurice Couve de Murville affirmait déjà que « les nations européennes existent et sont bien décidées à continuer[1] ». Gordon Brown ne dit rien d'autre quarante ans plus tard. Pour les souverainistes, le temps s'est arrêté avec la création de l'État-nation ; ce qui existait avant est non avenu, et rien n'adviendra plus après.

Ces affirmations péremptoires semblent toujours d'une grande force. Elles ne devraient pourtant pas impressionner. Les Chinois ou les Indiens vont-ils renoncer à leurs avantages comparatifs pour nous laisser le temps de « continuer

1. Maurice Couve de Murville, *Une politique étrangère*, *op. cit.*, p. 299.

à exister » tranquillement ? L'effet de serre va-t-il cesser d'attaquer la banquise, les terroristes vont-ils interrompre leurs activités pour faire plaisir aux souverainistes ? À l'évidence, non. Une meilleure répartition des compétences reste à l'ordre du jour, que les ânes aient soif ou pas.

Et le temps travaille contre nous. Comme Spaak le déclarait déjà… en 1955, « ne dites pas : le temps travaille pour nous. Ce n'est pas vrai. Je vous supplie de le croire. Je sais bien qu'au fond sur l'idée de faire ou de ne pas faire l'Europe, il n'y a plus de vrai débat. Je ne connais personne qui oserait accepter sur ce sujet un débat contradictoire […] Ceux qui trouvent qu'il ne faut pas aller trop vite disent : le temps travaille pour nous[1] ». Cinquante ans de perdus !

### *La puissance publique*

Les gouvernements refusent ce que les citoyens attendent : l'émergence d'une puissance publique européenne capable de peser dans le monde et de faire goûter aux Européens les bénéfices de la globalisation, tout en préservant leur art de vivre.

Si le mot d'État n'effrayait pas si facilement (surtout sous la forme, abominable en effet, de « super-État »), nous aurions même pu songer à l'appeler ainsi. Mais, de Tony Blair à Michel Delebarre, l'actuel président du Comité des régions, un grand nombre d'hommes politiques européens

1. Paul-Henri Spaak, discours prononcé devant la Chambre des représentants, 23 novembre 1955, *PEA*, *op. cit.*, p. 479.

se croient obligés de vouer l'État aux gémonies. Attitude curieuse de la part d'hommes qui ont exercé ou exercent des responsabilités étatiques. Comme si l'idée d'État en soi était forcément vicieuse. Chapeau bas à Guy Verhofstadt qui, dans son ouvrage récent *Les États-Unis d'Europe*[1], est le seul à oser briser le tabou !

La réaction des adversaires de l'État est d'autant plus curieuse que la population est moins crispée qu'auparavant sur l'exercice conjoint, au niveau européen, de prérogatives régaliennes : les citoyens seraient massivement prêts à soutenir une politique de sécurité et de défense commune (77 % dans l'UE à vingt-cinq) ou une politique étrangère commune (68 %)[2] ; comme en 1956 en France, les réticences sont peut-être plus nombreuses dans les « élites », qui ont peur de perdre leur pouvoir, que dans la population, assez sage pour mesurer l'évolution du monde.

L'Europe n'est pas forcément, dans tous les domaines, l'échelon d'action pertinent ; l'approche globale des entreprises montre que, même en matière économique, le marché européen est devenu un peu étroit. À cet égard, la réflexion précitée de Gordon Brown sur la mondialisation est stimulante. L'Europe n'est pas une fin en soi ni la limite de notre horizon. Mais la conscience de ses imperfections ou insuffisances ne doit pas devenir le prétexte pour renoncer à agir à ce niveau : même imparfait, l'échelon peut être utile. Avec 500 millions d'habitants solvables, il reste un enjeu économique considérable.

1. Guy Verhofstadt, *Les États-Unis d'Europe*, Bruxelles, Luc Pire, 2006.
2. Eurobaromètre n° 64, décembre 2005.

Ainsi, l'objectif de l'Europe n'est pas de reproduire « en plus grand » l'État-nation, ni « en plus européen » les États-Unis d'Amérique. Le processus de rapprochement européen est unique, inédit. Il exige, pour l'encadrer, une construction politique originale. Ne nous querellons pas sur les mots. Donnons un contenu à cette puissance politique d'un type nouveau.

La première priorité devrait être d'ordre économique : donner du travail aux trop nombreux chômeurs, encourager une croissance durable de la zone euro, voilà l'enjeu primordial ; ce n'est pas la frénésie fédéraliste qui doit pousser à mieux agir en Europe dans ces matières, mais le sens des responsabilités, pour ne pas dire le bon sens. Nous devons parachever l'œuvre accomplie. Le marché est loin d'être abouti. Et l'euro n'a pas même une représentation externe dans les institutions financières internationales[1]. Le pacte de stabilité était nécessaire pour donner naissance à la monnaie unique ; il est désormais insuffisant, même remanié, pour garantir la viabilité de la monnaie et son acceptation par les Européens. On leur avait promis la prospérité ; pour l'instant, ils ont surtout vu la hausse des prix. Bien trop d'enfants vivent dans des familles pauvres, monoparentales, où ils ne reçoivent pas les soins, la nourriture et les conditions de vie nécessaires à leur épanouissement. Les déficits publics français, italien, allemand sont abyssaux. La dépense publique n'est pas correctement allouée. Poussés au désespoir par la montée des inégalités, choqués par les rémunérations de certains patrons, les

1. Afin, par exemple, de peser sur la Chine, dont la monnaie sous-évaluée est préjudiciable à nos emplois.

peuples pourraient bien finir par se rebeller. L'injustice porte en elle le germe des révolutions[1].

La seconde priorité est d'agir dans le monde. À cette fin, l'Europe a besoin, comme le Traité constitutionnel l'avait envisagé, d'un ministre des Affaires étrangères européen doté d'un service diplomatique commun. Notre politique étrangère n'est pas assez cohérente ; l'éparpillement de moyens devenus rares n'a que trop duré. Financer des milliers de diplomates nationaux et de fonctionnaires communautaires travaillant dans des structures parallèles, pour un bénéfice limité, est un luxe d'un autre âge. Nous avons la méthode – celle de la politique commerciale –, le talent de la jeune génération Erasmus, bien formée, tentée par une carrière européenne. Progressivement, sans brûler les étapes mais résolument, le chantier de la diplomatie commune – et non plus coordonnée – doit voir le jour.

De nombreux doublons existent aussi en matière militaire. Nos budgets de défense additionnés atteignent plus de la moitié du budget américain pour une efficacité infiniment moindre. Naturellement, la vocation de l'Europe n'est ni d'imiter les États-Unis ni, par ce biais, d'en devenir rivale. En usant de pouvoirs d'influence non coercitifs, l'Union peut parvenir à certaines de ses fins différemment. Il n'en demeure pas moins que l'absence de défense commune se ressent et paraît d'autant plus curieuse dès lors que les populations y sont maintenant, à la différence des années 1950-1954, massivement favorables. Déjà, Robert

1. Voir par exemple Carlo Altomonte, Mario Nava, *Economics and Policies of an Enlarged Europe*, *op. cit.*, chap. 5.

Marjolin considérait que la préférence des Européens pour « le beurre au lieu des canons[1] » était une erreur stratégique.

En matière de justice et d'affaires intérieures, qu'il s'agisse de lutte contre le crime organisé, contre le terrorisme ou de la politique d'immigration, le *statu quo* ne garantit pas l'efficacité ; il est inacceptable. Le traité d'Amsterdam, signé en 1997, a marqué une avancée significative. Le sommet de Tampere (1999) a posé les bases d'un « véritable espace européen de la justice ». Mais, ainsi que l'écrit Robert Badinter, ancien garde des Sceaux, la reconnaissance mutuelle des décisions de justice « ne fait pas naître une justice *de* l'Union européenne, avec ses juridictions, ses organes de poursuite et ses magistrats européens[2] ».

La liste des progrès à accomplir a déjà été dressée maintes fois ; il ne suffit pas de dire « y a qu'à » pour faire évoluer les esprits, mais un rappel des carences de l'Union dite européenne est nécessaire afin de susciter une prise de conscience. Rappelons que les partisans de l'Europe intergouvernementale (celle de l'UE) ont déjà disposé de quinze années, depuis Maastricht, pour montrer ce dont ils sont capables. Le bilan est maigre : de tout petits pas quand la Chine et l'Inde ont chaussé les bottes de sept lieues.

Cessons donc de nous extasier sur les petits verrous que nous débloquons en laissant néanmoins l'huis clos. Ouvrons grand la porte ! Retrouvons pour l'Europe des ambitions larges. Spaak disait déjà, en 1972 : « Il faut que

1. Robert Marjolin, *Le Travail d'une vie*, *op. cit.*, p. 358.
2. Robert Badinter, « Vers une justice européenne », discours prononcé à l'université Humboldt, Berlin, 24 octobre 2005.

les responsables cessent de s'émerveiller des tout petits progrès qu'ils réalisent pour mettre au point, une fois pour toutes, et tout de suite, les mécanismes qui s'imposent. » Tout le combat de Monnet, dans son Comité, jusqu'à la dissolution de celui-ci, en 1975, à la veille de sa mort, fut celui-là : faire passer les décideurs à l'action. À relire les fondateurs, tout semble déjà avoir été analysé, compris, dit ; la pédagogie à mener est un éternel recommencement. Mais, comme disait Camus : « Il faut imaginer Sisyphe heureux. »

## Se connaître soi-même

Enfin, les Européens ne peuvent plus éluder la délicate question de leur identité. Jusqu'à présent, l'Union a négligé l'invitation de la philosophie grecque : « Connais-toi toi-même. » Les brassages de nos sociétés, l'arrivée récente de nombreux nouveaux membres, le caractère hasardeux des promesses faites à certains voisins invitent à réfléchir sur l'accord tacite des origines.

Sans aucun doute possible, les fondateurs, croyants ou non, partageaient une même conception de la société, de la vie politique et de l'homme qui, pour la brosser à grands traits, était celle du christianisme éclairé par les Lumières. Même un socialiste agnostique, comme Paul-Henri Spaak, le reconnaissait sans ambages : « Ne vous rendez-vous pas compte que nous sommes les hommes d'une même civilisation qui s'appelle la civilisation chrétienne ? Et quand nous aurons tous disparu et qu'on ne pensera plus à aucun d'entre nous, dans le recul des temps on saura tout de même qu'ensemble, c'est cette aventure-là que nous avons vécue[1]. »

Le ton de Spaak est surprenant tant il rejoint celui d'un Robert Schuman, catholique fervent, ou de ses coreligionnaires De Gasperi ou Adenauer. Souvenons-nous que le général de Gaulle, comme nous l'avons rappelé, évoquait lui aussi une Europe composée de peuples « chrétiens de race blanche ». Et c'est à la cathédrale de Reims que s'est

1. Le passage intégral se lit ainsi : « Comme il est étrange que nous soyons divisés et opposés, et passionnément opposés et passionnément divisés sur la question du réarmement allemand. [...] Ceux qui sont surpris de nous voir discuter cette question sont ceux – qu'ils m'excusent de le leur dire – dont la mémoire est courte et l'imagination est courte aussi. [...] Si nous songions à ce qui nous unit malgré ces trois dates [1870, 1914, 1939] ? Du point de vue historique, [...] il fut un temps où – j'en demande pardon à nos collègues italiens – sous des noms divers et unis seulement par nos barbaries, nous montions à l'assaut de Rome [...] et où – j'en demande pardon à nos collègues turcs – tous ensemble sous les murs de Vienne – nous défendions la chrétienté [...] et il fut un temps où tous ensemble nous allions délivrer des lieux qui étaient saints pour toute l'Europe.

Je vous demande encore de penser à Charlemagne empereur d'Occident et si vous en avez assez de ces souvenirs de bataille, je vous invite à vous rendre compte qu'il y a autre chose en Europe que les drapeaux déployés sur les champs couverts de morts, qu'il y a nos cathédrales qui dressent vers le ciel leur appel vers un même Dieu ; qu'il y a les peuples qui travaillent et qui souffrent et qui ont les mêmes intérêts, et qui cherchent passionnément à la fois la paix et la prospérité qu'ils méritent ; qu'il y a Descartes et qu'il y a Goethe ; qu'il y a Kant et qu'il y a Pasteur ; qu'il y a Beethoven et, faut-il vraiment que ce soit moi qui vous rappelle que, si vous pensez quelquefois différemment, vous priez tous de la même façon, que ce sont les mêmes gestes et les mêmes mots qui vous consolent et vous apaisent au seuil de votre mort ? », Paul-Henri Spaak, discours prononcé au Conseil de l'Europe, après le rejet français de la CED, le 18 septembre 1954, *PEA*, *op. cit.*, p. 388 *sq.*

joué le premier acte symbolique de la réconciliation franco-allemande, par une messe.

Voilà pour l'histoire. En 2006, ces propos semblent d'un autre temps. Parce qu'ils bousculent les habitudes « politiquement correctes », ils ne sont même plus cités. Il nous paraît au contraire utile de les remettre en mémoire aux Européens afin de leur faire comprendre que le silence des fondateurs ne cachait pas un vide. Le traité charbon/acier ou le traité de Rome créant le Marché commun, textes à caractère technique, n'entraient pas dans ces considérations mais leurs rédacteurs pouvaient se dispenser d'évoquer un idéal qu'ils savaient avoir en partage.

Le « creux » actuel, en revanche, pose problème. Une vision commune de l'Europe, une commune conception de la société ne se décrètent pas mais elles ne s'escamotent pas non plus. Rompons le faux silence qui s'est abattu sur notre continent.

De nos jours, les discours européens contournent soigneusement les questions identitaires car celles-ci, pour reprendre l'expression d'Amin Maalouf, sont « meurtrières ». Il est vrai qu'elles portent en elle des ferments de division, de repli, voire de xénophobie. Mais, dans ce domaine, le refoulement n'est pas non plus exempt de risques. À tout prendre, mieux vaut encourager une réflexion identitaire au niveau de l'Europe, ensemble bigarré, divers, multiculturel, plutôt que dans des espaces nationaux plus étroits. Et, comme disait Schuman, « rien de durable ne s'accomplit dans la facilité[1] ». À la question de l'identité de

1. *Pour l'Europe*, *op. cit.*, p. 20.

l'Europe, il n'y a aucune réponse simple, ni définitive. Il ne peut exister qu'une réponse forgée *via* un débat démocratique, au risque de la cacophonie ou du tumulte. Tout ce qui y contribue vaut mieux, à tout prendre, que le non-dit.

Désincarnée, inconsciente de ses origines, l'Europe serait une création virtuelle, un décor de jeux vidéo ; elle ne serait guère consistante, ni attirante. L'historien Élie Barnavi, ancien ambassadeur d'Israël en France qui n'est, comme il le dit lui-même, « ni chrétien ni croyant », l'exprime crûment : « On n'a pas envie de coucher avec cette Europe-là[1]. » Il se dit « consterné par la négation de l'Histoire » que représente, selon lui, le refus de reconnaître les « racines chrétiennes » de l'Europe. Pour lui, « on n'échappera pas à l'Histoire en la niant. Le résultat, c'est que l'Europe est sûrement une réalité économique, peut-être un projet politique, pour certains un choix idéologique mais pas une entité culturelle, pas quelque chose de charnel… Or pour moi, c'est une évidence d'historien : l'Europe est divisée en cultures, en langues, mais repose sur un substrat de civilisation commun qu'on ne trouve pas ailleurs ».

Les Européens ont-ils conscience de ce « substrat » ? Ont-ils encore la fierté de leur héritage, de l'extraordinaire apport de la civilisation européenne au monde ? Les journées du patrimoine font recette ; certains livres d'histoire connaissent de forts tirages mais, dans le même temps, une terrible entreprise de démolition est en cours : la liberté de réflexion historique se heurte à la protection

1. Élie Barnavi, « Le socle de l'Europe est chrétien », propos recueillis par Élisabeth Lévy, *Le Point*, n° 1738, 5 janvier 2006.

excessive des « communautés » (au sens de groupes ethniques ou de minorités), à l'autoflagellation, au politiquement correct.

Sans rien cacher des horreurs commises sur ce continent ou par des Européens en dehors de ce continent, l'Europe a besoin de valoriser ce qui, en elle, fut grand et beau : œuvres d'art, pensée novatrice, réalisations matérielles et immatérielles, gestes solidaires, héroïsme, artisanat. Si nous persistons à voir en nous, sans discernement et au mépris de toute autre considération, d'anciens nazis, d'anciens fascistes, d'anciens vichystes, d'anciens esclavagistes, d'anciens colonialistes, ou d'anciens communistes, nous n'irons pas loin. Les générations montantes ne sont pas coupables de toutes les fautes accumulées de leurs prédécesseurs. Elles conservent le droit de s'extasier et de s'émouvoir sur les chefs-d'œuvre de la culture européenne. Sinon, elles vont périr d'ennui. Là aussi, la révérence des fondateurs envers les grandes œuvres du passé, plus spontanée que la nôtre, leur confiance dans l'avenir – malgré ce qu'ils avaient enduré pendant la Seconde Guerre mondiale ou, peut-être, à cause de cette épreuve – peuvent nous aider à retrouver le « goût d'être Européen ».

Naturellement, l'Europe n'est pas un « club chrétien ». Elle compte des millions d'habitants d'autres confessions ou athées qui sont des citoyens européens à part entière. Nul ne doit leur contester cette qualité. Mais les jeunes générations ont besoin de repères historiques et de débat politique pour s'approprier les valeurs européennes. Que certains le veuillent ou non, durant des siècles, c'est cette foi-là, avec sa grandeur, ses vertus, ses travers et ses innombrables crimes, qui a fait de l'Europe ce qu'elle est. Dans chaque village, l'église (même vide, désormais, le plus souvent) témoigne de cette emprise historique ; de même, dans chaque musée, la clé de compréhension de nombre de chefs-d'œuvre se trouve dans cette histoire. En outre, c'est du christianisme qu'est venue, *via* l'Évangile et saint Augustin, la séparation du spirituel et du temporel.

Cet apport ne fut pas exclusif, loin de là : dans certaines parties de l'Europe, le judaïsme a joué un rôle fondamental. La pensée et la mythologie grecques, l'héritage administratif et juridique de Rome et, plus encore, le développement des villes au Moyen Âge, plus ou moins uniforme sur l'ensemble du continent, ont aussi façonné l'Europe. Alexis de Tocqueville avait déjà été frappé par l'unité de l'Europe : « J'ai eu l'occasion d'étudier les institutions politiques du Moyen-âge en France, en Angleterre et en Allemagne, et à mesure que j'avançais dans ce travail, j'étais rempli d'étonnement en voyant la prodigieuse similitude qui se rencontre entre toutes ces lois. Les constitutions des villes se ressemblent ; les campagnes sont gouvernées de la même manière. La condition des paysans est peu différente. Des confins de la Pologne à la mer d'Irlande, la seigneurie, la cour du seigneur, le fief, la censive, les services à rendre, les droits féodaux, les corporations, tout se ressemble.[1] » À partir des mêmes constatations, l'historien contemporain Jacques Le Goff s'est aussi posé la question : « L'Europe est-elle née au Moyen Âge[2] ? »

1. Alexis de Tocqueville, *L'Ancien Régime et la Révolution, op. cit.*, p. 65.

2. Jacques Le Goff, *L'Europe est-elle née au Moyen Âge ?*, Paris, Seuil, 2003.

Avec la Renaissance, la Réforme et, plus encore, les Lumières, la chrétienté a rencontré la raison et a pu être peu à peu dépouillée de certains obscurantismes, de ses violences. Le parcours des religions chrétiennes, notamment du catholicisme, d'ailleurs inachevé, est le signe qu'aucune religion n'est enfermée pour toujours dans des schémas archaïques. Les enfants d'Europe – qu'ils soient européens de souche, immigrés ou descendants d'immigrés – devraient entendre parler, de manière plus systématique, de ce parcours, à travers une démarche authentiquement européenne, une libre confrontation des points de vue.

Les Européens devraient aussi être amenés à comprendre à quel point le recul de la pratique religieuse distingue ce continent des États-Unis. Cette seule considération confirme, si besoin est, à quel point l'idée de « copier » les institutions des Américains serait artificielle.

Il est heureux que le premier « manuel d'histoire » franco-allemand soit enfin sorti[1]. Sur son contenu qui paraît parfois un peu trop « négocié » ou entaché de la vision d'une des deux parties, les avis divergent ; mais n'oublions pas que le terrain était miné ; il suffira d'y revenir à l'avenir pour l'enrichir et le perfectionner. En revanche, la démarche possède, en soi, une extraordinaire vertu. Cette friction des visions historiques est absolument nécessaire à l'émergence d'une identité commune européenne. Un exercice du même type pourrait être utilement mené avec les Britanniques ou, pour l'histoire récente,

1. Peter Geiss, Guillaume Le Quintrec, *Histoire / Geschichte, l'Europe et le monde depuis 1945 : terminales L, ES, S*, Paris-Stuttgart, Nathan-Klett, 2006.

avec les nouveaux pays membres. De Jeanne d'Arc à Yalta, de la colonisation à l'esclavage, des guerres de religion à Napoléon, bien des moments forts de l'histoire de l'Europe sont racontés aux enfants dans des optiques cloisonnées, nationalistes, biaisées. C'est le refus d'attaquer nos préjugés à la source qui complique ensuite la compréhension mutuelle.

De même, la négation, par les autorités de l'Union, du besoin de frontières externes est néfaste. Ces dernières années, la Commission et les gouvernements ont entretenu le mythe d'une Europe ouverte à tous ceux qui en partagent les valeurs. Cette conception généreuse n'est pas sans défauts : elle ignore largement l'universalité des droits de l'homme, passe sur la géographie et, lorsque l'Union affronte, comme en ce moment, une crise institutionnelle majeure, heurte même le bon sens.

Sur ce point aussi, Élie Barnavi avance à contre-courant : « Si l'Europe ne se définit que par les droits de l'homme, elle n'existe pas. Il n'y a pas d'existence sans territoire [...] L'un des drames de l'Europe est qu'elle ne sait pas [...] définir un "eux" et un "nous". Cette frontière entre "eux" et "nous" n'est pas forcément hostile, ni imperméable, elle peut, elle doit être amicale et poreuse mais pour être amicale et poreuse, il faut d'abord qu'elle existe. » La réussite d'une politique étrangère commune suppose la délimitation de l'espace européen. Entre la forteresse et la passoire, l'Europe doit oser chercher son point d'équilibre.

Sans sentiment d'appartenance, sans *wir Gefühl*, comme dit le grand historien allemand Heinrich August Winkler, il est impossible de bâtir l'Europe communautaire, qui est censée, rappelons-le, « unir des hommes ». Pour rassurer l'opinion, une pause de longue durée, un report *sine die* de tout élargissement est indispensable ; si elle était fermement décrétée, la discussion sur l'avenir de l'Europe pourrait reprendre sur un terrain moins miné. Heureusement, la Commission semble commencer à le comprendre ; son rapport du 8 novembre 2006 marque un infléchissement en ce sens[1].

## L'avant-garde, mode d'emploi

La création d'une avant-garde, d'un noyau ou d'un cercle plus intime – quelle que soit sa dénomination – est souvent évoquée comme remède à la crise de l'Union européenne. L'arrivée de nombreux nouveaux membres aux attentes hétérogènes, le refus persistant de certains États d'admettre les partages de souveraineté incitent à se replier sur des groupes restreints. Mais ceux qui croient trouver là une solution facile risquent de déchanter.

L'aventure exige tout d'abord une détermination très forte, un engagement pro-européen dont les gouvernants actuels n'ont, à ce jour, plus fait la preuve. Au cours des dernières années, personne ne les empêchait de lancer, à quelques-uns, un nouveau projet. C'est ainsi qu'en leur temps l'euro ou l'espace Schengen ont vu le jour. Si, à l'époque, leurs promoteurs (Mitterrand, Kohl, notamment) avaient attendu l'autorisation de tous les membres

1. COM (2006) 649 final.

de la CEE, nous n'aurions ni monnaie unique ni espace sans frontières.

En réalité, l'élargissement a bon dos : nombreux sont ceux qui reprochent aux « nouveaux » de les avoir empêchés de faire ce qu'ils... n'ont mis aucun empressement à entreprendre. Sans doute n'est-ce pas un hasard si les coopérations renforcées du traité d'Amsterdam, signé en 1997, n'ont jamais été mises en vigueur, pas plus que les « groupes pionniers » de Jacques Chirac.

Ensuite, la création d'une avant-garde n'élimine aucun des problèmes de méthode. S'il s'agit de créer une entité politique, une « puissance publique » d'un genre nouveau, les mêmes questions d'intérêt général, de mentalités, d'organisation démocratique des institutions doivent être réglées. Jean Monnet avait déjà constaté, pendant la Première Guerre mondiale, que même la coopération intergouvernementale bilatérale – en l'occurrence franco-britannique – n'était pas forcément efficace sans mécanismes permettant de faire surgir l'intérêt commun. C'est pour six États seulement qu'il a créé une méthode de coopération spécifique ayant recours au vote majoritaire et à un organe chargé de l'intérêt général. Ce chiffre est probablement inférieur à celui de toute « avant-garde », car il paraît difficile, sauf sujet très spécifique, de scinder la zone euro qui compte déjà douze membres et s'élargira prochainement. La coopération en petits groupes laisse donc entière la question des mécanismes de décision et des organes et celle, redoutable, de leur éventuelle imbrication dans ceux de l'Union élargie.

L'avant-garde ne peut pas se dispenser d'être démocratique : le désir de participer aux décisions politiques, si fort chez les Européens, ne va pas s'atténuer parce qu'un petit comité se charge d'atteindre le but ancien. C'est pourquoi les solutions de secrétariat léger, intergouvernemental, conforme à la tradition française du plan Fouchet, sont vouées, tel celui-ci, à l'échec. En effet, ce que l'avant-garde gagnerait en souplesse serait perdu en transparence et légitimité ; l'une des questions clés de la problématique de l'avant-garde est donc le rôle du Parlement européen et des Parlements nationaux (les deux étant indissociables) ainsi que de la Cour de justice. Ces institutions offrent aux Européens des garanties démocratiques qui doivent être sauvegardées. À défaut, nous ne parlons plus d'une avant-garde durable, organisée, mais de petits bricolages diplomatiques.

Une avant-garde ne doit naître qu'une fois la preuve faite de l'impossibilité de progrès à vingt-sept. Surtout, si des réticences existent, il faut prendre le temps de les faire apparaître au grand jour. Dès lors, en revanche, les états d'âme ne sont plus de mise ; trop souvent, les récalcitrants, de mauvaise foi, cherchent à bloquer le train dans lequel ils ne monteront pas. Ainsi, l'avant-garde ne devrait ni exclure les partenaires de bonne volonté ni admettre les passagers clandestins.

Après le vote français et néerlandais, le « club des Six » paraît difficilement porteur. Le « directoire des grands » ou – G5 ou 6 – dont rêvent certains[1] est voué à l'échec : parmi les « grands », plusieurs affichent d'ailleurs en ce moment un euroscepticisme à courte vue (la Pologne notamment) ;

1. Nicolas Sarkozy, discours prononcé devant la fondation Konrad-Adenauer, Berlin, 16 février 2006.

d'autres dirigeants ne respectent pas leurs engagements (soumettre le Traité constitutionnel à ratification en Grande-Bretagne, par exemple). Et la coexistence des grands et des petits est l'un des traits de l'Europe communautaire. La domination durable de petits ne serait pas une forme d'avant-garde non plus…

Pour faire taire les critiques, l'avant-garde devrait s'atteler à régler les problèmes pendants les plus criants ; dans ces domaines, la volonté d'avancer à quelques-uns est légitime. Nous n'avons que l'embarras du choix : il pourrait s'agir de mieux coordonner la politique économique de la zone euro (avec l'avantage que les États qui n'y participent pas se sont exclus eux-mêmes et qu'ils ne sont pas les moins récalcitrants) ; l'avant-garde pourrait aussi progresser dans les domaines de la justice et de la sécurité, où les chantiers importants pour les populations ne manquent pas.

Toutefois, attention au retour de boomerang ! L'avant-garde n'est pas pour la France une assurance tout risque. Les Français croient impensable, en général, que des projets avancent sans eux ; d'autres, en revanche, y pensent. À Madrid, Luxembourg ou Berlin et, de manière générale, dans les pays ayant ratifié le Traité constitutionnel (notamment, pour les deux premiers, par la voie référendaire), la prétention des Français à tout bloquer par leur « non » est mal vue. Certes, juridiquement, l'opposition d'un seul peuple suffit à arrêter le processus mais, politiquement, l'échec de nos leaders à « vendre » le Traité, notre incapacité à décrypter notre propre « non » et à proposer des voies de sortie de crise commencent à agacer. Le coq a les pieds dans le fumier et devrait se soucier d'en sortir…

La manière dont nos partenaires ont ignoré le refus français de discuter avec la Syrie dans la crise libanaise de l'été 2006 montre que la France n'est pas toujours aussi incontournable que ses dirigeants veulent le faire croire. L'expérience de l'Union économique et monétaire a également prouvé que les critères conçus comme devant s'appliquer aux « autres » (en l'occurrence les méditerranéens « laxistes ») se retournent parfois contre leurs inventeurs (l'Allemagne). Une avant-garde sans la France n'aurait guère de sens, mais la France n'a pas en Europe une première place de droit divin.

Ainsi, les difficultés sont réelles, les précautions à prendre nombreuses. L'avant-garde aurait cependant une vertu majeure : elle pourrait redonner un sens à la construction européenne en rassemblant uniquement des pays et des peuples partageant une vision commune. Comme nous l'avons indiqué à plusieurs reprises, le recours à la majorité ou l'exercice conjoint de prérogatives souveraines ne posent pas de problème insurmontable si les partenaires sont suffisamment d'accord entre eux pour se faire confiance. Dans le cas contraire, il n'y a pas de solution institutionnelle permettant, miraculeusement, de surmonter le désaccord sur l'essentiel.

Après avoir tenté en vain de cacher les divergences derrière des formules ambiguës et des oxymores, une clarification de l'*affectio societatis* s'impose. La vérification ferait sans doute apparaître l'impossibilité d'avancer tous au même rythme. À condition que certains aient encore un esprit pionnier et le courage d'aller de l'avant. Et là, notre pays est attendu au tournant !

Ce rapide tour d'horizon n'épuise pas la problématique de l'avant-garde. Parmi les autres idées intéressantes qui ont circulé ces dernières années, citons un rapprochement franco-allemand, évoqué à la fois par Pascal Lamy et Günther Verheugen[1] puis caressé par Dominique de Villepin, malheureusement sans concertation avec les Allemands[2]. La convergence étonnante des esprits dans les deux pays, ces dernières années (sur la politique étrangère et le capitalisme notamment, mais aussi dans les difficultés à se réformer ou les questions d'intégration des étrangers, pour ne citer que ces sujets), ajoutée à l'extraordinaire capital accumulé de coopération bilatérale, ne rendent pas ce scénario absurde. Mais, s'il revient à nouer une « alliance » contre les autres, il serait contraire à l'esprit communautaire et ne mènerait pas loin.

En revanche, un rapprochement franco-allemand conçu comme un « laboratoire de l'intégration », un lieu d'expérimentation d'idées à développer ensuite dans un cercle plus large, a tout son sens. Il pourrait aussi jouer un rôle en tant que « conservatoire des idées communautaires ». Après cette relecture des fondateurs, il est clair que de nombreuses idées fausses nocives sont aujourd'hui en circulation. La pensée originelle de ces hommes est pillée, déformée, réutilisée à des fins plus ou moins honnêtes. Elle gagnerait à être mieux défendue.

Ni la France ni l'Allemagne n'ont le moindre intérêt à

1. Pascal Lamy, Günther Verheugen, « Pour une Union franco-allemande », *Libération*, 21 janvier 2003.

2. Henri de Bresson et Arnaud Leparmentier, « Paris et Berlin réfléchissent à une union franco-allemande », *Le Monde*, 13 novembre 2003.

devenir les fossoyeurs de l'Europe communautaire, qui est leur « bébé » commun. Mais elles n'ont pas non plus intérêt à se fâcher avec des partenaires de premier plan, membres de l'Union.

C'est pourquoi certains ont parlé d'organiser l'« arrière-garde[1] » ; c'est plus original et assez prometteur. En 2005, Mario Monti a imaginé d'assortir le vote négatif sur le Traité constitutionnel d'une sanction : ceux qui le refusent devraient renoncer à rester dans l'UE. L'outil, une vraie massue, est cependant difficile à manier ; il faudra peut-être y venir un jour pour supprimer la tentation du « défoulement gratuit » référendaire, mais les revers de bâton pourraient être surprenants.

Le plus tôt serait sans doute le mieux, car le calendrier mondial laisse aux Européens une « fenêtre de tir » assez étroite. Une fois les puissances chinoise et indienne assises, une fois la course aux matières premières et sources d'énergie exacerbée, il sera trop tard.

En conclusion, il convient de retenir que l'avant-garde est moins la planche de salut à usage de ceux qui répugnent à accepter la méthode communautaire que sa perpétuation sous une autre forme.

1. François Lamoureux, « Projet de Constitution : de la nécessité d'organiser une arrière-garde », *Revue du droit de l'Union européenne*, vol. 2003, n° 4/2003, p. 807-811.

Conclusion

# Continuer, continuer, continuer

Au terme de ce parcours avec les pères fondateurs, que pouvons-nous conclure ?

1. Le problème qu'ils ont cherché à résoudre reste, hélas, d'actualité. Depuis soixante ans, la société internationale n'a guère changé : elle demeure une société d'États où les souverainetés nationales s'entrechoquent plus qu'elles ne coopèrent. Quoiqu'en disent les bonimenteurs « modernes », la coopération intergouvernementale a déçu, déçoit et décevra.

Car elle donne la priorité à la défense des intérêts des États sur celle des intérêts communs de l'humanité. À l'échelle du monde, tout se passe comme si les hommes avaient ainsi fait le choix collectif de ne pas régler les problèmes pour ne pas faire de peine aux États, auxquels ils accordent, manifestement, une importance démesurée. En matière écologique, c'est une catastrophe. La planète finira peut-être par en mourir. Au Moyen-Orient, l'incapacité à relativiser les frontières et la souveraineté demeure la cause de bien des malheurs. Au Darfour, une tragédie se déroule sous nos yeux parce que la souveraineté d'un État, le Soudan, est sacralisée.

2. La solution des fondateurs – la méthode communautaire – a fait la preuve de son efficacité.

Créée peu de temps après l'ONU et le Conseil de l'Europe, la Communauté européenne a infiniment mieux réussi. Ce n'est pas un hasard. Tournant le dos à la coopération intergouvernementale qui se borne à des négociations entre gouvernements crispés sur leur veto, les fondateurs ont inventé une nouvelle méthode de travail international, organisée autour de trois éléments :

– la reconnaissance de la supériorité de l'intérêt commun sur celui des États qui composent la Communauté ;

– des institutions démocratiques, décidant à la majorité, placées sous le contrôle d'une Cour de justice faisant respecter le droit par-delà les frontières ;

– enfin, un changement de mentalité consistant dans une coopération harmonieuse des grands et des petits ; le refus du nationalisme ; la recherche de la confiance dans un esprit de compréhension et de sacrifice mutuels.

Grâce à ces innovations, en Europe, on ne se bat plus pour un bout d'Alsace-Moselle, les frontières sont « dévaluées » (Schuman), les ennemis réconciliés.

Quels que soient les défauts ou imperfections de la méthode communautaire, à ce jour personne n'a jamais rien inventé de mieux pour faire coopérer des États et des peuples.

Nous possédons ainsi collectivement une expérience qui n'a pas de prix, dans laquelle nous devrions placer notre confiance et nos espoirs. L'Europe communautaire est un trésor, une perle fine.

3. La méthode communautaire est mue par une force immense : elle grandit l'homme.

Au centre de la méthode communautaire se trouve placée la volonté de Monnet d'« unir des hommes ». En évitant la guerre, elle garantit à ceux-ci le premier des droits : celui de vivre en paix, sans devoir aller, sur ordre d'un état-major lointain, tuer des inconnus.

Fondée sur le principe de liberté, l'Europe communautaire privilégie le respect mutuel et la confiance ; en gommant les différences, elle insiste sur ce qui rapproche les hommes quand le nationalisme les sépare. Incompatible avec les éclats, la brutalité, le jeu personnel, elle discrédite l'affirmation d'une supériorité qui n'est pas étayée par des performances.

L'Europe communautaire marque ainsi une étape majeure de l'histoire des relations internationales : celle d'une sophistication nouvelle, d'une humanisation. C'est pourquoi, malgré les épreuves et les temps de sommeil – celui que nous vivons en est un –, sa vigueur surprendra. Comme le chante Brel, « on a vu souvent rejaillir le feu de l'ancien volcan qu'on croyait trop vieux ». « Les terres brûlées » de l'Europe d'après guerre ont déjà donné « plus de blé qu'un meilleur avril ». Il y aura d'autres récoltes.

4. L'héritage est fragile ; nous ne devons pas le dilapider.

Malgré les atouts évidents du rapprochement communautaire, la plus grande pente des êtres humains demeure l'esprit de clocher, la violence, l'égoïsme, le nationalisme, la pingrerie, la difficulté à s'abstraire du présent pour penser à long terme. Le champ communautaire doit donc être cultivé, sinon les mauvaises herbes étoufferont le bon grain. Ces dernières années, ce travail de débroussaillage a été négligé. Les gouvernements ont relâché leur vigilance, le terrain moral est en friche. Depuis que la paix s'est installée, les terres sont moins brûlées ; les nouvelles générations ont perdu ce sens de l'urgence qui animait les aînés. Qui oserait encore, comme le chancelier Kohl, dire que la monnaie commune est une affaire de « guerre ou de paix » ?

La priorité de court terme est donc, impérativement, d'enseigner les immenses vertus de l'Europe, d'expliquer la méthode communautaire, de la donner à redécouvrir, d'en retracer la genèse, la subtilité, de la faire goûter aux nouveaux membres, aux jeunes générations, aux étrangers qui viennent s'installer en Europe. De défendre aussi les Européens contre la tentation de croire que, extensible à l'infini, elle survivrait à des élargissements déraisonnables. L'Europe a besoin de retrouver sa cohérence et de se connaître.

5. L'avenir est ouvert. Malgré l'immense valeur du témoignage des anciens, le passé n'est pas un sanctuaire. La difficulté consiste justement à préserver les innovations des fondateurs en les adaptant à l'Europe du présent. L'Europe est notre avenir, pas une nostalgie.

À moyen terme, la question clé est celle de savoir comment sortir du gué où nous nous trouvons (décrit au chapitre IV). Conservons-nous une construction communautaire originale, subtile, riche en vertus mais exigeant des équilibres fragiles et, faute d'avoir été expliquée, largement incomprise ? Cela exigerait un effort de pédagogie et de réappropriation sans précédent. Ou partons-nous de la constatation que la plupart des Européens jugent l'Europe avec les clés conceptuelles de la séparation des pouvoirs et aspirent, même sans le dire, à la voir devenir un État, sûrement nouveau, original mais, néanmoins, État ? Dans ce cas, la solution devrait consister à passer au stade fédéral, dans lequel nous sommes déjà largement engagés, mais qui, dans l'abstrait, en effraie encore plus d'un, notamment en France. En pratique, ce saut pourrait s'avérer rassurant car il rendrait l'Union européenne compréhensible et sûrement plus efficace. La variété des modèles fédéraux laisse le choix d'une gamme de solutions.

6. Un autre piège serait celui du maximalisme : vouloir tout, tout de suite, à la perfection.

Œuvre humaine, l'Europe restera inévitablement toujours un peu bancale. La grandeur des fondateurs est d'avoir été humbles, d'avoir bâti sur le possible – toujours frustrant –, d'avoir été patients. La réalité, c'est cette Union européenne mal aimée, opaque, diverse au risque de la rupture, montée sur ses pilotis déglingués (le jargon dit ses « piliers »). L'Union n'est pas l'Europe mais c'est tout de même ce qui, pour nous, en tient lieu. Gardons-nous du vertige du « on efface tout et on recommence » qui, en 2005, a saisi certains, peut-être de bonne foi.

Mais méfions-nous aussi de la paresse, qui, à partir de la constatation « au point où on en est… il n'y a plus rien à en tirer », abandonnerait tout espoir. Soyons critiques avec discernement. Essayons loyalement d'avancer à vingt-sept mais ne perdons pas une minute pour avancer en petit comité si c'est le seul chemin.

L'exercice consistant à sortir l'Europe de l'ornière exige une grande honnêteté intellectuelle et beaucoup d'application ; pouvons-nous continuer à nous raconter des histoires sur notre capacité à affronter les défis du temps ? Pouvons-nous encore longtemps choisir la méthode dont nous savons pertinemment, depuis que les fondateurs l'ont démontré, qu'elle est la moins efficace ? Nous ne tromperons personne, surtout pas nous-mêmes.

7. Le dévoiement actuel a été rendu possible par le fait que les acteurs européens ont perdu la foi en eux-mêmes et dans les réalisations de leurs pères, foi dans la Communauté et dans l'avenir du monde.

Les hommes politiques actuels sont des agnostiques de l'Europe ; ils vont à la « messe » à Bruxelles sans adhérer au credo. « Pratiquants non croyants », ils ont mené l'Union dans le mur. L'opinion publique ne s'y trompe pas, y compris les plus démunis, comme nous l'a rappelé l'expérience menée par Emmaüs.

Ce que Spaak écrit inlassablement à la fin des années 1960 semble valable encore aujourd'hui ; il faut avoir la foi dans l'entreprise : « Sans elle, on n'aura pas l'audace nécessaire pour surmonter les obstacles. Une qualité essentielle [...] marque les vrais hommes d'État [...] que possédaient à un haut degré Robert Schuman, Adenauer, De Gasperi :

le courage de sacrifier, quand c'est nécessaire, un succès immédiat et de renoncer à une victoire de prestige au bénéfice de l'essentiel.

Ceux qui mesurent leur effort européen aux applaudissements qu'ils recueillent en protégeant quelques intérêts particuliers sans se soucier de l'intérêt général et de l'avenir, ne sont pas à la hauteur de la tâche historique qui leur incombe[1]. »

Il a bien fait d'appeler ses Mémoires *Combats inachevés*. Quant à Monnet, lorsque des journalistes lui demandaient, peu avant sa mort, ce qu'il faudrait faire pour relancer l'Europe, il répondait : « Continuer, continuer, continuer. »

1. Paul-Henri Spaak, « Si j'étais ministre », *Le Soir*, 15 novembre 1969, *PEA*, *op. cit.*, p. 1157.

# Table

Du même auteur

Le Grand Turc et la République de Venise
*Fayard, 2005*

## Dans la même série

PERRY ANDERSON

*La Pensée tiède*
*Un regard critique sur la culture française*
*2005*

JEAN-PIERRE DUPUY

*Petite Métaphysique des tsunamis*
*2005*

ALAIN LEFEBVRE ET DOMINIQUE MÉDA

*Faut-il brûler le modèle social français ?*
*2006*

EVA ILLOUZ

*Les Sentiments du capitalisme*
*2006*

ANTOINE GARAPON ET DENIS SALAS

*Les Nouvelles Sorcières de Salem*
*Leçons d'Outreau*
*2006*

RÉALISATION : NORD COMPO À VILLENEUVE D'ASCQ
IMPRESSION : CORLET
DÉPÔT LÉGAL : FÉVRIER 2007. N° 92628 (97922)
IMPRIMÉ EN FRANCE